Ruth Klüger

Was Frauen schreiben

Paul Zsolnay Verlag

1 2 3 4 5   14 13 12 11 10

ISBN 978-3-552-05509-4
Alle Rechte vorbehalten
© Paul Zsolnay Verlag Wien 2010
Satz: Eva Kaltenbrunner-Dorfinger, Wien
Druck und Bindung: CPI – Ebner & Spiegel, Ulm
Printed in Germany

Für Rachel Salamander,
mit Dank für die Kolumne

Vorwort

Die Lust zu fabulieren habe er von seinem Mütterchen geerbt, schrieb Goethe. Es ist bezeichnend, dass wir diesen Tribut lesen, ohne gleich zu fragen: Heißt das, die Frau Rat Goethe hat Geschichten und Gedichte verfasst? Die Antwort ist wohl: Wahrscheinlich das eine oder andere (denn etwas muss Goethe mit seinem Vers ja gemeint haben), sie hat den Kindern vielleicht Selbstverfasstes erzählt oder vorgesungen, wie Mütter es oft taten und tun, aber abgesehen von Briefen haben wir nichts Aufgeschriebenes oder gar Veröffentlichtes von ihr und erwarten es auch gar nicht. Denn die Feminisierung der Literatur steckte zu ihrer Zeit noch in den Anfängen.

Viele Menschen haben als Kinder gedichtet und Geschichten erfunden, zum Aufsagen, zum Erzählen, zum Aufschreiben. Es kann sogar sein, dass mehr Mädchen als Jungen sich damit abgeben, und zwar bis ins Erwachsenenalter. Mädchen sind ja im Durchschnitt etwas sprachbegabter als ihre Brüder. Doch dank der passiven Rolle, die man den Frauen jahrhundertelang, unter dem Vorwand, es sei das ihnen Natürliche, aufgezwängt hat, sind noch immer mehr Autoren männlichen und – paradoxerweise – mehr Leser weiblichen Geschlechts.

Frauen sind die größte Minderheit in der Leserlandschaft, eine Randgruppe, die eigentlich die Mehrheit ist, eine Interessen- und Lesergemeinschaft, deren Eigenständigkeit man kaum mehr bestreiten kann. Als Leserinnen und Konsumenten von sowohl gehobener wie populärer Literatur war schon lange mit ihnen zu rechnen, bevor sie als ernst zu nehmende

Autorinnen massiv in Erscheinung traten und auch den männlich bestimmten literarischen Kanon in Frage stellten.

Die meisten der vorliegenden Besprechungen sind in meiner monatlichen Kolumne »Bücher von Frauen«, eine Erfindung von Rachel Salamander, die Herausgeberin der *Literarischen Welt*, erschienen. Ich hatte in den vorhergehenden Jahren viel für andere Zeitungen rezensiert und hatte es satt, mich mit Büchern abzuquälen, dir mir nicht gefielen und die ich, wenn ich mit den Lesern ehrlich umgehen wollte, verreißen musste – zum Ärger der Autoren und ihrer Verleger. Für die Kolumne in der *Literarischen Welt* konnte ich mir aussuchen, welches Buch ich unter die Lupe nehmen wollte, ich musste nur rezensieren, was ich mit gutem Gewissen den Leserinnen empfehlen konnte. Solang es von einer Frau geschrieben war. (Na ja, eine Ausnahme hat es gegeben. Sie werden sie schon selbst finden, und den Grund dafür!)

Meine Auswahl ist international, die rezensierten Bücher kommen aus den drei deutschsprachigen Ländern, es gibt einen Krimi aus Israel, eine Detektivin aus Chicago, England im Zweiten Weltkrieg, Irland, Kanada, Frankreich, Mutter-Tochter-Probleme aus Italien, Südafrika nach der Apartheid, Iran, Tschechien, die Niederlande, Russland, amerikanische Touristen in China und Burma, eine Türkin in Rio, eine Liebesgeschichte aus Japan, Bücher von drei Nobelpreisträgerinnen, ein paar vergessene Autorinnen und einige Anfängerinnen. Einige Biographien berühmter Frauen sind auch dabei: die Günderrode, Paula Modersohn-Becker, Frida Kahlo.

Über die Lesegewohnheiten eines breiten Publikums lassen sich Verallgemeinerungen, die mehr sind als Vermutungen, anstellen. Ich habe vor Jahren in einem Essay die Meinung vertreten, dass Frauen »anders« lesen als Männer. Diese

Behauptung wird seither öfters zitiert und variiert, um zu verdeutlichen, dass Frauen alles Mögliche anders tun als Männer, zum Beispiel schreiben. Aber kann man aus einem anonymen Text ablesen, ob er von einem Mann oder einer Frau verfasst worden ist? Man kann es nicht. Autoren sind einmalige Individuen, und alles, was sie erlebt und gedacht haben, mag ihre jeweils einmaligen Schöpfungen beeinflussen, natürlich auch ihr Geschlecht, aber eben nicht nur das. Man kann über ein Buch mutmaßen, ob es eher ein weibliches oder ein männliches Publikum ansprechen wird. Doch man kann werkimmanent nicht feststellen, ob eine Abhandlung, ein Roman oder ein Gedicht von einem Mann oder einer Frau geschrieben wurde. Patricia Highsmith zum Beispiel, die berühmte Erfinderin des Verbrechers Tom Ripley, hat sich für »gender problems« nicht interessiert und hielt männliche Figuren für bessere Romanhelden, weil Männer das aktivere Geschlecht seien. (Womit sie recht hatte, zumindest damals.) Ähnliches lässt sich über die Bücher der philosophisch ausgebildeten Iris Murdoch sagen, von denen zwei hier besprochen sind. Herta Müllers »Atemschaukel« handelt von einem Gefangenenlager für beide Geschlechter, und der Protagonist ist männlich und fußt auf den Erfahrungen des Dichters Oskar Pastior. Mit männlich und weiblich ist hier nichts anzufangen, jedenfalls nicht als Voraussetzung.

Warum dann überhaupt eine Zusammenstellung von Büchern aus weiblicher Feder, bzw. Computer? Erstens, weil Autorinnen noch immer unterschätzt sind. Bei jeder Nobelpreisverleihung an eine Autorin ist das Erstaunen groß, gemischt mit spürbarer Entrüstung, als ob den Männern etwas entrissen werde, das ihnen von Rechts wegen gehört. Das Vorurteil gegen das weibliche Gehirn hat zwar stark abgenommen, aber verschwunden ist es nicht. Schon darum lohnt es sich, einen Scheinwerfer auf die Bücher von Autorinnen zu richten. Zweitens ergibt eine Zusammenstellung einer größeren Anzahl solcher Bücher dann doch Zusammenhänge. Die Behandlung von Frauen ist respektvoller, die Einsichten in ihr Intimleben überzeugender, Frauen sind seltener Nebenpersonen, und wenn, dann sind sie sorg- und vielfältig entwickelt. Drittens sind Frauen zwar heutzutage einigermaßen gut integriert im öffentlichen Leben, und Integration ist ja, was man sich von Minderheiten so oft wünscht; gleichzeitig haben sie, wie andere Minoritäten, besondere Erkenntnisse beizusteuern, die Männern nicht ohne Weiteres zur Verfügung stehen. Dieses Besondere herauszustreichen war die Absicht meiner Auswahl und Kommentare. Sie mussten im Rahmen der Kolumne sinnvoll sein. Und doch war ich selbst erstaunt, beim Wieder- und Hintereinanderlesen dieser Kritiken, über den Einfallsreichtum, das Engagement, die Originalität der Werke, die sie behandeln. Im Aggregat bewirken sie eben doch einen Blick aufs Leben durch anders geschliffene Gläser.

Die Zwillinge

Die dritte Lüge« ist der letzte Teil einer Trilogie, deren erster und zweiter Band »Das große Heft« und »Der Beweis« heißen. Jeder dieser drei kurzen Romane spielt in einem Lande, das Ungarn sein könnte, aber nicht genannt wird und in dem ein Zwillingspaar den Krieg, die Diktatur, die Auflösung der Diktatur, Flucht, Rückkehr und Enttäuschung erlebt. Kenntnis der beiden ersten Bücher ist zwar nicht unerlässlich für die Lektüre des dritten, aber doch ratsam.

In »Das große Heft« sind die beiden Jungen unzertrennlich und erzählen ihre Geschichte als ein »Wir«. Von ihrer Mutter aus der Hauptstadt zu einer unheimlichen Großmutter in ein Provinznest gebracht, damit sie während des Krieges mehr zu essen bekommen, deuten die Kinder die Signale der neuen, primitiveren Umwelt so gut sie können, lernen töten und retten, erweisen sich abwechselnd als bösartig und hilfreich. Was ihnen geschieht und was sie tun, schreiben sie, ziemlich kommentarlos, in ein großes Heft.

Zuerst scheint die Bewusstmachung unproblematisch zu sein, und problematisch ist nur die undurchsichtige Wirklichkeit. Doch dann trennen sich die Brüder, werden zu Doppelgängern, der eine mit dem Namen Lucas, der andere mit dem Namen Claus, also Akronyme, die auf Identität hinweisen, und doch spaltet sich das Gedächtnis und umnebelt die gemeinsamen Erinnerungen. Vereinzelt können sie das große Heft nicht richtig weiter schreiben.

Der zurückgebliebene Lucas versucht im zweiten Roman vergeblich ein verantwortliches Leben zu führen. Schließlich taucht der nunmehr fünfzig Jahre alte und ausgewanderte

Claus wieder auf, ohne gültigen Ausweis und von den Behörden beargwöhnt. Noch dubioser als er selbst erscheint das große Heft, also die aufgeschriebenen Erfahrungen der Zwillinge, das vielleicht gar kein Tagebuch mehrerer Jahre, sondern eine Fälschung ist, die Claus allein in einem ganz kurzen Zeitraum verfasst hat. Mit diesen Zweifeln an der Echtheit des Hefts rückt die Frage der »Wahrheit« des Romans in den Vordergrund. Das Buch, das wir lesen, ist eine Fiktion, die sich, ähnlich wie das Tagebuch der Zwillinge, mit der Wirklichkeit unseres 20. Jahrhunderts entweder deckt oder sie verwischt, wie man's nimmt.

Im vorliegenden dritten und letzten Buch ist die Problematik der Erfindung schon im Titel anvisiert: Das Ende dieser Trilogie ist »Die dritte Lüge«. Doch wird der Titel auch anders erklärt als die Lüge des Zwillings Lucas, der sich bei seiner Rückkehr Claus nennt. Da aber im vorhergegangenen »Beweis« der zurückgebliebene Zwilling Lucas hieß und der Auswanderer Claus war, kommt der Leser leichtfertig zu dem Schluss, dass die beiden wieder vereint werden sollen zu einem »Wir« wie am Anfang der Geschichte.

Doch trifft eher das Gegenteil zu. »Die dritte Lüge« handelt von Trennung und hat demgemäß zwei Icherzähler. Die erste Hälfte gehört dem Heimkehrer, die zweite dem Zuhausegebliebenen. Dieser ist Schriftsteller geworden und scheint seine Eigenständigkeit zu haben. Er hat seinen Namen geändert, von Claus zu Klaus, womit das Akronym hinfällig wird. Er erkennt den Zwilling nicht an, und der andere, der, nur um den Bruder und die verlorene Kindheit zu finden, aus dem Ausland zurückgekommen ist, sucht nach dieser Abfuhr den Freitod. Doch auch der scheinbar Gesicherte trägt sich am Ende mit Selbstmordgedanken.

Es ist ein Romanwerk, in dem fast alles, was wir lesen, früher oder später als Lüge, als unerklärbarer Widerspruch entlarvt wird. Hier sind zwei Beispiele solcher Widersprüche, die Eltern der Zwillinge betreffend: Da wird in einer Version der Vater, beim Versuch, die Grenze zu überschreiten, von einer Mine in die Luft gesprengt; in einer anderen wird er von der Mutter, seiner Frau, aus Eifersucht erschossen. Die Mutter ihrerseits kommt entweder bei einem Bombenangriff, zusammen mit einer kleinen Halbschwester der Zwillinge, ums Leben, und der eine Sohn bewahrt die beiden Skelette sorgfältig auf; oder die Mutter bleibt am Leben und wird später von dem anderen Zwilling (aber vielleicht ist es derselbe?) versorgt.

Die Gleichungen gehen nicht auf, die Widersprüche können nicht erklärt werden. Agota Kristof, deren Name wohl zufällig an Agatha Christie anklingt, gibt uns ganz andere Rätsel auf als die seichten der Krimi-Autorin. Sie fragt nach der Wahrheit unserer historischen Traumata, nach den Erinnerungen, die uns belasten.

Agota Kristof ist gebürtige Ungarin und lebt seit 1956 in der französischen Schweiz. Ihre Bücher sind in einem Französisch geschrieben, das so einfach ist, dass sie sich fast perfekt übersetzen lassen. Ein paralleler Fall wäre Jerzy Kosinski, der aus Polen eingewanderte amerikanische Autor, der in seinem berühmten Buch »Der bemalte Vogel« ebenfalls von Kindern in einer unverständlich grausamen Welt erzählt, und zwar in einem nüchtern einfachen und, man ist versucht zu sagen, tödlich akkuraten Englisch. Es ist der Vorteil einer solchen Sprache, dass sich darin die Konturen des Geschehens holzschnittartig einätzen. Ihr Nachteil besteht darin, dass sie streckenweise blutarm, ja banal wirkt.

Die Originalität von Agota Kristofs Werk liegt nicht im Ausdruck. Die Aussagekraft geht von Szenen aus, die ganz unkompliziert sind, doch in der Konstellation mit anderen Szenen beunruhigend und faszinierend wirken wie ein flackerndes Licht, in das die Autorin eine Wirklichkeit taucht, die wir sehr wohl kennen und erkennen, nämlich als unsere eigene europäische.

Agota Kristof: Die dritte Lüge. Roman.
Aus dem Französischen von Erika Tophoven.
Piper Verlag, München 1993. 165 Seiten

Vogelscheuche sucht Vogel

Von Maria Messina, die 1944, im Alter von siebenundfünfzig Jahren, an Multipler Sklerose starb, lagen auf Deutsch bislang ein Band Erzählungen, »Der zerronnene Traum«, und der Roman »Das Haus in der Gasse« vor. In ihrem zweiten Roman behandelt die Autorin wieder die Beziehung zweier Schwestern, ein Thema, das in der Literatur eher unterbelichtet ist, und das Paradox der Einsamkeit im allzu engen Familienbereich. Miriam und Severa führen ein auswegloses Frauenleben in einem verarmten Kleinbürgermilieu mit einem schwachsinnigen Bruder, einem kranken Vater und einer allzu geduldigen, willenlosen Mutter. Miriam, die »gute« Schwester, die alles über sich ergehen lässt und die anderen umsorgt, ist zunächst einigermaßen zufrieden mit ihrem beschränkten Mädchendasein.

Im »Haus in der Gasse« hatte Messina gezeigt, dass Häuser Gefängnisse sind für Frauen, deren ganzes Leben sich in ihnen abspielt, doch Miriam sieht einen kleinen Ausschnitt der Welt aus ihrem Fenster bei ihrer Näharbeit, und der reicht ihr. Dann verliert sie ihren Fensterplatz, denn Severa, die »böse« Schwester und eigentliche Protagonistin des Romans, die mit allen Fasern ihres Lebens ein besseres, unabhängiges Leben anstrebt, übernimmt das ganze Haus, um einen großen Modistensalon einzurichten.

Severa ist eine facettenreiche Gestalt. Sie ist begabt und belesen und hätte studiert, wenn die Familie sich diesen Luxus hätte leisten können. Ressentiments haben sie zänkisch und egoistisch gemacht. Sie nützt ihre Verwandten aus und merkt nicht, dass sie an der überhandnehmenden inneren Leere, wie an einer Krankheit, leidet. Der Verkauf modischer Damenhüte bringt Geld ein, ist aber im Grunde eine sinnlose Beschäftigung. In jeder Szene gewinnt diese an sich unsympathische Gestalt an Tiefe und Problematik.

Das Werk heißt im Original »L'amore negato«, und sein Grundthema ist in der Tat Lieblosigkeit, die fehlende, verwehrte Zuneigung und Zuwendung. Severa hat zuerst Glück mit ihren Geschäften, später verliert sie ihre Kunden und verliebt sich töricht und ohne Chance auf Gegenliebe. Völlig heruntergekommen, eine Vogelscheuche, die im Park nach der Aufmerksamkeit von Vögeln und fremden Kindern giert, versucht sie sich der Schwester anzunähern, doch dieser Wunsch kommt zu spät und ist unerfüllbar. »Weißt du nicht, dass man erst säen muss, um zu ernten?«, fragt Miriam sie. Die Erzählerin enthält sich des Urteils, ob Severa selbst oder die Umstände an ihrem Scheitern schuld sind. Distanziert und realistisch lässt sie das Bild einer Familie entstehen, die zugrunde geht. Eine einfache Geschichte mit unterschwelligen Strömungen, die dank ihrer sprachlichen Nüchternheit und erzählerischen Präzision frisch und unverbraucht wirkt.

Die »sizilianische Katherine Mansfield« hat man Maria Messina genannt. Noch passender wäre »die italienische Veza Canetti«. Beide Schriftstellerinnen, die Sizilianerin wie die Österreicherin, hatten zu Lebzeiten ordentliche, wenn auch nicht außerordentliche Erfolge zu verzeichnen, gerieten nach ihrem Tod in Vergessenheit und sind erst in den letzten Jahren wiederentdeckt worden. Beide hinterließen uns sparsame, schmale Bände, Geschichten, die bescheiden beginnen und ihre beißende Sozialkritik und Trauer um verschwendete Leben erst nach und nach enthüllen. Körperlich und geistig Behinderte tauchen regelmäßig in ihren Werken auf, doch vor allem geht es um Schäden in der Charakterentwicklung von Unterdrückten. Die Figuren scheinen ungewöhnlich zu sein, bis man merkt, dass man über bizarre seelische Verkrüppelungen frustrierter Menschen liest. Wie bei Veza Canetti fragt man sich, warum wir diese Schriftstellerinnen erst jetzt kennen lernen. Doch: besser spät als gar nicht.

Maria Messina: Jede Einsamkeit ist anders.
Roman. Aus dem Italienischen von Maja Pflug.
Arche Verlag, Zürich 1994. 136 Seiten

Schnuppern an der Fährte

Barbara Vine ist ein Pseudonym für die beliebte britische Krimiautorin Ruth Rendell. Die Rendell-Romane sind *whodunits* (wer hat's getan), das heißt, ein Verbrechen ist begangen worden, die Untersuchung nimmt ihren Lauf, Inspektor Wexford klärt's auf. Man kennt die Wege, wenn auch nicht die Umwege, und Rendells Milieubeschreibungen lohnen sich allemal. Die Vine-Romane andererseits sind nicht ganz nach der Schablone gebaut und im Ganzen anspruchsvoller als die Rendell-Romane. Um Kriminalität geht es unter beiden Autorennamen, doch bei Vine liegt der Schwerpunkt weniger auf der Ermittlung des Täters als auf den psychologischen Voraussetzungen und der geistigen Dynamik des Verbrechens.

Im vorliegenden Roman gesteht Tim, der fünfundzwanzigjährige Erzähler, schon zu Anfang seines autobiographischen Berichts, seinen Geliebten, den etwas älteren Ivo, getötet zu haben. Da Tim aber ein anständiger, vernünftiger Kerl zu sein scheint, der nicht an Gewissensbissen leidet, ist es zunächst rätselhaft, wie und warum dieser Mord zustande kam. Bald wird deutlich, dass Lust und Liebe an der Tat beteiligt waren. Tim berichtet von seinen frühen, recht oberflächlichen Beziehungen zu ein paar jungen Frauen, dann von einer großen Leidenschaft zu Ivo, danach von einer größeren Leidenschaft zu einer Unbekannten, die ihm dann doch irgendwie bekannt vorkam – und dann?

Das erotische Innenleben des anderen Geschlechts literarisch wiederzugeben ist immer eine heikle Sache. Hier macht es sich die Autorin besonders schwer, indem sie die Bisexualität eines Mannes darstellt. Letzten Endes ist aber auch bei den raffinierten Psychothrillern die Handlung wichtiger als die Psychologie. Man nimmt Unwahrscheinlichkeiten oder Halbwahrscheinlichkeit in Kauf, solange der Faden nicht abreißt und die Fährte, an der wir entlangschnuppern, uns unerwartete Resultate bringt. Man kommt eben gerne ins Staunen. Die Übersetzung ist flüssig und liest sich gut. Sie gibt nicht nur die Substanz, sondern auch Niveau und Stimmung (»So ganz taufrisch bist du ja nicht mehr« für »You're a bit long in the tooth«) des Dialogs wieder.

Vines Landschaftsschilderungen sind beachtlich. Tim schreibt in einer verregneten englischen Küstenkleinstadt, in einem ungemütlichen Haus, das er von seinen Eltern geerbt hat. Seine Erinnerungen führen ihn jedoch in ganz andere Gegenden, nach Alaska und Seattle und auf eine Kreuzfahrt zu fremden Inseln. Zwischendurch erhält er anonyme Briefe, die anschaulich von Schiffbrüchigen und Ausgesetzten handeln und Drohbriefe sein könnten.

Ein unerwarteter Perspektivenwechsel auf den letzten hundert Seiten verschiebt alle Gegebenheiten noch einmal. Tims Charakter, und daher auch seine Sünden, sind anders als wir dachten. Eigentümliche Verwirrungen haben stattgefunden und werden aufgelöst. Einsichten und ein innerer Reifeprozess eröffnen die Aussicht auf eine bessere Zukunft. Insofern wir auf ein Vexierspiel hereingefallen sind, steht plötzlich auch *unser* Wahrnehmungsvermögen, nicht nur das einer Romanfigur, ungesichert im Raum. Die letzten Kapitel halten uns einen Spiegel vor, aus dem den Lesern ihre eigene Selbstbezogenheit und mangelnde Menschenkenntnis entgegenschauen. Und wir verstehen endlich, warum »Der Rosenkavalier« Tims und Ivos Lieblingsoper war und warum Barbara Vine ihren Titel aus einer Arie des großen komischen Egoisten der Erotik, des Barons Ochs von Lerchenau, bezieht.

Barbara Vine: Keine Nacht dir zu lang. Roman.
Aus dem Englischen von Renate Orth-Guttmann.
Diogenes Verlag, Zürich 1995. 456 Seiten

Vom Ursprung des Bösen

Der neue Roman der Nobelpreisträgerin, deren Hauptwerk ein von Apartheid zerrissenes Land dokumentierte, spielt im neuen, demokratisierten Südafrika. Es geht um einen Kriminalfall, doch »Die Hauswaffe« ist kein Kriminalroman, denn das Verbrechen soll nicht »aufgedeckt«, sondern erklärt werden. Ein junger Mann der gehobenen Mittelklasse hat einen Mord an einem Mitbewohner seiner Wohngemeinschaft begangen. Kein rassistisches Motiv hier: Ein Weißer hat einen Weißen getötet, scheinbar einem Impuls folgend. Ein geladener Revolver, »die Hauswaffe«, die zum Schutz gegen Einbrecher dienen sollte, in einem Land, wo die Kriminalität bedrohlich zugenommen hat, lag gerade bereit, als er seine Geliebte mit einem Freund, der früher einmal auch sein Geliebter war, in flagranti auf dem Sofa ertappte. Die sexuellen Details werden nachdrücklich erörtert, und zwar so, dass die Abweichung von traditionellen jähen Eifersuchtsszenen deutlich zur Sprache kommt. Die Geliebte war dem Täter schon früher untreu; er hatte sie vor dem Selbstmord gerettet und sie hat es ihm vielleicht nicht verziehen. Außerdem hat er als aufgeklärter junger Mann seiner Generation nie den Anspruch erhoben, sie zu »besitzen«. Und den Mord beging er erst am nächsten Tag. Warum also?

Die Eltern des Mörders, gebildet, wohlhabend, stehen vor einem Rätsel, das, um es gleich vorwegzunehmen, letzten Endes nicht gelöst wird. Sie sehen sich als Liberale, haben sich aber früher von den Kämpfen ihres Landes ferngehalten. Das Buch beginnt, wie sie vor dem Fernseher eine der vielen Gewalttätigkeiten, die irgendwo in der Welt stattfinden, verfolgen, ein Signal dafür, dass »Die Hauswaffe« doch politischer ist als es den Anschein hat. Dann erfahren sie von der Verhaftung ihres Sohnes, die sie zunächst für ungerechtfertigt halten. Diese Eltern, die meinen, ihr Kind richtig erzogen zu haben, also die ältere Generation im neuen Land, sind die eigentlichen Protagonisten des Buches, und wir verfolgen ihre Seelenkämpfe und Ratlosigkeit in allen Einzelheiten. Die Motivation der Mörder ist betont unpolitisch. Und doch: Steht hinter dem Einzelfall, dem nicht auszulotenden Mordmotiv, die Verflechtung des öffentlichen und des privaten Lebens, will sagen, die unpolitische Tat im politischen Umfeld?

Das neue schwarze Südafrika tritt in Gestalt des erfolgreichen schwarzen Verteidigers in Erscheinung, den sich der Angeklagte selbst ausgesucht hat. Die Eltern können bei aller vermeintlichen Vorurteilslosigkeit nicht umhin zu fragen, ob ein weißer Anwalt nicht besser für ihren Sohn wäre. Dieser Anwalt, von dessen Verteidigungsstrategien vielleicht zu ausführlich berichtet wird, vereinfacht die Hintergründe der Tat, macht dadurch aber das Verbrechen verständlich für das Gericht. Seine Erklärungen sind höchstens Bausteine und für den Leser unbefriedigend; sie werden ergänzt durch die Gedanken der Eltern und die spärlichen Reflexionen des Sohnes. Es bleibt die Frage nach dem Ursprung des Bösen im Leben von Durchschnittsmenschen.

Hinter den Gegebenheiten des Romans steht eine Phalanx von Problemen, angedeutet in dem paradoxen Motto des Buches:»Das Verbrechen ist die Strafe« (von dem israelischen Schriftsteller Amos Oz, über den Gordimer auch in ihren Essays geschrieben hat). Kein Zweifel, dass die Autorin hier mit den Zentralthemen des modernen psychologischen

Romans arbeitet, und nicht umsonst tauchen Zitate aus Dostojewskis »Idiot«, Hermann Brochs »Die Schlafwandler« (über die Umwertung aller Werte in Übergangszeiten) und Thomas Manns »Zauberberg« in »Die Hauswaffe« auf. Es sind die Themen von Schuld und Sühne, Freiheit und Abhängigkeit, die zwar schon immer die Basis von Gordimers politischen Romanen bildeten, nun aber zum Teil ins Metaphysische verlegt sind. In der Gestalt des katholischen Vaters, der von Thomas Manns Naphta und seinen Ausführungen über die magnetische gegenseitige Anziehungskraft von Täter und Opfer heimgesucht ist, geht es um die Fragen der Theodizee, während die Mutter, von Beruf Ärztin, vielleicht die Rationalität eines Settembrini verkörpert. »Die Hauswaffe« ist offenbar ein Versuch, die große Tradition des europäischen intellektuellen Romans mit seinen politisch/ethischen Fragen fortzusetzen. Ähnliches lässt sich übrigens von Gordimers Kollegen, dem südafrikanischen Romancier J. M. Coetzee sagen, dessen letzter Roman, »Der Meister von Petersburg«, eine Episode aus Dostojewskis Leben behandelt. Auch bei ihm die implizite Überlegung, wie die seriöse afrikanische Literatur sich einfügt in das Gerüst der großen Vorgänger.

Gordimer schreibt eine anspruchsvolle Prosa, die vom Leser ein hohes Maß an Aufmerksamkeit erfordert, hier aber in einer sehr sorgfältigen Übersetzung vorliegt.

»Die Hauswaffe« ist ein Alterswerk der 1923 geborenen Autorin und vielleicht Gordimers ehrgeizigster Roman. Gelegentlich lässt die Erzählenergie nach, Situationen und Argumente wiederholen sich. Andererseits ist er eine intensive Abrechnung mit den Träumen und Albträumen des ausgehenden Jahrhunderts, ein Konzentrat von allem, was diese

Schriftstellerin von Anfang an bewegt hat, hier auf den einen, unverwechselbaren Fall zugespitzt, der vielleicht die Last aller vorausgegangenen Fälle in sich trägt.

Nadine Gordimer: Die Hauswaffe. Roman.
Aus dem Englischen von Susanne Höbel.
Berlin Verlag, Berlin 1998. 368 Seiten

»Tolle Geschichten« einer Philosophin

Iris Murdoch starb am 8. Februar 1999 im Alter von 79 Jahren in Oxford. Sie hat in ihrem Leben Preise und Ehrungen jeder Art erhalten, darunter den begehrten Booker Prize, und die Ernennung zur »Dame of the British Empire«. Doch das Werk war schon zu Lebzeiten abgeschlossen, denn eine außerordentlich erfolgreiche Karriere nahm vor einigen Jahren durch die Alzheimersche Krankheit ein verfrühtes Ende. Murdochs Ehemann, der angesehene Oxforder Anglist John Bayley, hat kürzlich ein ungewöhnliches Buch über diese bis zum Schluss noch immer liebevolle und intime Ehe geschrieben (»Elegy for Iris«).

Murdochs Hauptwerk sind ihre 26 Romane. Daneben schrieb sie diverse philosophische Arbeiten, unter anderem über Platon und Sartre, auch Gedichte und Theaterstücke. 1919 in Dublin geboren, wuchs Iris Murdoch in London auf, studierte Geschichte und Philosophie in Oxford und arbeitete nach dem Krieg mit »displaced persons« für die UNRRA, die Flüchtlingsorganisation der Vereinten Nationen. Diese Erfahrungen sind, wenn auch meist indirekt, in ihr Werk eingeflossen. Fünfzehn Jahre lang war sie als Dozentin für Philosophie an der Cambridge University tätig. Ihr erstes Buch war kein Roman, sondern ein Werk über den Existentialismus. Die Romane sind oft gelobt worden für ihre unsentimentalen Analysen menschlichen Verhaltens in einem Rahmen, der von Murdochs Studium der Philosophie geprägt ist.

Doch der Einfluss von Kriegsjahren und Philosophie lastet keineswegs erdrückend oder auch nur schwerwiegend auf dem Erzählwerk. Denn dieses überzeugt und fasziniert vor allem durch die Fülle der Ereignisse, die glaubwürdigen Exzentrizitäten der handelnden Personen, die Überraschungen und Nachdenklichkeiten, die einander bedingen und abwechseln. Ein Roman, meinte Murdoch, solle »eine tolle Geschichte« erzählen (»tell a jolly good yarn«) und solle seine Leser beglücken und ihnen gleichzeitig die Welt verständlicher machen. Fragen des freien Willens, Glaubensfragen, die Problematik ethischen Verhaltens, die Zwillingsanliegen von Einsamkeit und Beziehungen (»connectedness«) – das alles lässt sich darin im Überfluss finden, zur Freude fleißiger Exegeten. Doch gleichzeitig meinte die Autorin, dass der Roman eher eine komische Gattung sei, eine Definition, die den deutschen Leser mehr verwundern dürfte als den englischen. Sie stellte hohe philosophische Ansprüche an die Gattung und bettete diese dann oft in melodramatische und konventionell spannende Situationen ein.

Komisch oder nicht, die beiden vorliegenden Romane sind unmissverständlich in eine tiefe Ironie getaucht. »Der schwarze Prinz« aus dem Jahre 1973 ist der bekanntere und wird allgemein zu Murdochs Hauptwerken gezählt. An sich war Murdoch keine experimentelle Erzählerin und orientierte sich lieber an ihren großen Vorgängern des 19. Jahrhunderts als am modernen Roman, doch »Der schwarze Prinz« ist einer ihrer wenigen und umso interessanteren Formexperimente. Die »Wahrheit« der Fiktion wird mehrfach problematisiert: Zunächst durch einen fiktiven »Herausgeber«, der unter dem Namen P. Loxias kein Geringerer sein dürfte als der Gott Apollo persönlich, allerdings vielleicht gepaart mit dem von Apollo geschundenen Marsyas. Dazu kommt der eigentliche Erzähler, ein gescheiterter Romancier, der wegen Mords verurteilt wurde – unschuldig, wenn man ihm glauben darf – und der jetzt endlich mit diesen »autobiographischen« Aufzeichnungen ein wirkungsvolles Buch zustande bringt. Dazu gibt es noch zwei weitere Figuren, die es mit der Belletristik zu tun haben, nämlich den Freund und Gegenspieler des Erzählers, ein bekannter Vielschreiber populärer, seichter Trivia, und seine junge Tochter, die gerne das innerste Wesen der Literatur erforschen möchte und, als schwarzer Prinz Hamlet gekleidet, die große Liebe des Erzählers wird. Diese sowohl lächerliche wie doch transzendente Liebe steht im Mittelpunkt der diversen Versuche mittelmäßiger Menschen, ihrem Leben einen Sinn zu geben. Denn Liebesaffären und Familienmiseren machen die Substanz des Handlungsgeflechts aus. »Der schwarze Prinz« lebt vom Spiel und Widerspiel der Figuren, die über ihren Egoismus hinauswollen und immer wieder in ihn zurückfallen. Murdochs Einwand gegen Sartre war, dass sein Existentialismus dem Ich zu viel Raum gäbe, in sich selbst zu verharren.

»Henry und Cato« (1976) ist eine Art theologischer Kriminalroman, der damit beginnt, dass einer der beiden Titelhelden, der Priester Cato, eine Pistole in die Themse wirft, eine fatale Handlung, die gegen Endes des Buches zu Kidnapping und Totschlag führen wird. Der andere Titelheld, der reiche Erbe Henry, ist Kunsthistoriker, der seit Jahren an einer Monographie über das Werk Max Beckmanns arbeitet, den Henry in Gedanken liebevoll wie einen Duzfreund behandelt. Beide Protagonisten, von Jugend an befreundet, meinen es gut, und möchten mehr als Durchschnittsmenschen sein, der eine mittels Religion, der andere durch die Kunst. Keinem der beiden gelingt es, das zu erreichen, wonach sie strebten – und sie finden sich damit ab. Henry wird nie sein Buch über Max Beckmanns geheimnisvoll leidende Gestalten schreiben, die sich wie ein Leitmotiv durch den Roman ziehen, aber dafür geht er eine passende Ehe ein und wird sein Erbe auf dezente und menschenwürdige Weise verwalten. Cato ist die problematischere Gestalt, da er seine Berufung als Priester durch sündhafte Trägheit verliert und sich schuldig macht. Das scheinbare Happy End wird hinfällig im Lichte der geistigen und spirituellen Ambitionen der beiden, besonders bei Cato, der Ansprüche an sich selber stellte, denen er nicht, aber doch fast, gewachsen war.

Es ist wohl zu früh, um dem Werk Iris Murdochs einen festen Rang und Platz innerhalb der realistischen Literatur des 20. Jahrhunderts zuzuweisen. Sicher scheint mir, dass es nicht schnell von der Szene verschwinden und noch vielen Lesern das Glück und die Nachdenklichkeit bescheren wird, die die Autorin ihnen wünschte. Die beiden Neuerscheinungen – »Der schwarze Prinz« in einer Neuübersetzung, »Henry und Cato« zum ersten Mal auf Deutsch – laden auch deutsche Leser ein, sich ein Urteil zu bilden über ein vielschichtiges, tiefsinniges und zugleich so unterhaltsames Œuvre.

Iris Murdoch: Henry und Cato. Roman.
Aus dem Englischen von Mechthild Sandburg-Ciletti.
Deuticke, Wien 1998. 495 Seiten

Iris Murdoch: Der Schwarze Prinz. Roman.
Aus dem Englischen von Stefanie Schaffer-de Vries.
Deuticke, Wien 1998. 528 Seiten

Jugend in der Dritten Welt

Das Werk von Nadine Gordimer, die 78-jährige Nobelpreisträgerin von 1991 und im Ausland bekannteste südafrikanische Schriftstellerin, hat seit Jahrzehnten die Geschichte ihres Landes novellistisch begleitet, vor allem in den schweren Apartheid-Jahren; und in ihrem vorletzten Roman, »Die Hauswaffe«, schrieb sie eindrucksvoll über die irrationalen Nachwehen der Kolonialzeit. Kein anderer Autor und keine andere Autorin hat es so wie Gordimer verstanden, das Gegen- und Miteinander der Kulturen im selben Land unter die Lupe zu nehmen und den Lesern zu vergegenwärtigen. Doch über den vorliegenden Roman sagt sie mit Recht, er sei dasjenige ihrer Werke, das am wenigsten südafrikanisch sei.

Trotzdem spielt auch dieses Werk zur Hälfte in Südafrika. Der erste Teil kommt aus der sicheren Hand der Autorin, die sich zu Hause auskennt. Da geht es um die privilegierte Klasse, deren Kinder sich den Luxus der Rebellion gegen das Elternhaus leisten können und die sich dementsprechend über die Vorurteile und bürgerlichen Beschränkungen ihrer Herkunft lustig machen. Die Jugend versammelt sich an Kaffeehaustischen und spottet. Die ältere Generation, die den größten Teil ihres Lebens unter Apartheid verbrachte, hat sich ganz gut mit den neuen Verhältnissen arrangiert, auch wenn manche auswandern. Die neue schwarze Oberschicht und Mittelklasse ist willkommen in den Kreisen der früheren Alleinherrscher. Allerdings ist diese Gruppe von wohlhabenden Bürgern so seicht und durchsichtig wie je. All das ist hervorragend und amüsant geschildert und liest sich in einer kompetenten Übersetzung flott und schnell.

In ihren früheren Büchern hat Nadine Gordimer ein ähnliches Gesellschaftsbild oft mit der Beschreibung der unterdrückten schwarzen Bevölkerung konfrontiert. Auch hier verwendet sie dasselbe Muster, nur sucht sie diesmal den Gegensatz außerhalb Afrikas. Julie, die Heldin des Romans, beginnt eine Liebesaffäre mit einem illegalen arabischen Arbeiter namens Ibrahim, der schließlich das Land verlassen muss. Angezogen von seiner Fremdheit und über alle Maße glücklich in ihrem Liebesleben mit ihm, heiratet sie ihn und folgt ihm in seine Heimat, die der Schauplatz des zweiten Teils des Romans bildet. Das Land bleibt ungenannt, doch Gordimer bemerkte in einem Interview, sie habe etwa an Saudi-Arabien gedacht. Ibrahim selbst sagt von seiner Heimat: »Ich kann das nicht sagen – ›mein Land‹ – jemand anders hat einen Strich gezogen und gesagt, das ist es.« Ibrahim hat durchwegs nur einen Gedanken im Kopf: Er will aus dem Drittwelt-Elend seiner Heimat, die er nicht als Heimat anerkennt, in ein Land ausreisen, wo er mit seiner Intelligenz und seiner Energie etwas anfangen kann. Er hat es schon oft versucht, war schon in verschiedenen Ländern, ist immer wieder ausgewiesen worden und wird es immer wieder versuchen. Die Autorin lässt uns am Ende wenig Hoffnung auf seinen Erfolg.

Gordimers Leistung in diesem Buch ist die Darstellung der Jugend einer Dritten Welt, die sich, in der Person dieses jungen Mannes, den Kopf blutig stößt an den Mauern der Ersten Welt, die nicht zu überwinden sind, weil die Tore geschlossen bleiben. Meines Wissens hat noch kein Romancier dieses unübersehbare Problem unserer Zeit so anschaulich und eindringlich dargestellt, wie es hier gelingt. Ibrahim hat weitaus mehr übrig für Julies Vater und seinen Kreis, die vor Erfolg strotzen, als für Julies Kaffeehausrunde, die solchen Erfolg verachtet. Und wir als Leser sehen plötzlich, warum die Offenheit und Toleranz dieser auf wirtschaftlicher Sicherheit basierenden Liebenswürdigkeit, sowohl in den Kindern wie in den Eltern, nicht besonders bewundernswert ist. Dem verzweifelten Ibrahim kann, wenn überhaupt, eher jemand aus der Umgebung von Julies Vater als einer ihrer Freunde helfen.

Das junge Paar reist also zurück ins arabische Herkunftsland des Ausländers. Von dort versucht Ibrahim wieder auszuwandern, während Julie sich anpasst. Und nun wird die Sache unwahrscheinlich und enttäuschend. Nadine Gordimer hat das Milieu, das sie beschreibt, nicht im Griff. Sie hat sich offensichtlich Mühe gegeben, hat nachgeforscht, den Koran studiert und sich Rat bei Arabisten geholt. Auf dem Waschzettel bestätigt ihr Edward Said, der nicht leicht zu befriedigende Autor von »Orientalismus«, dass sie's richtig getroffen hat. Doch eine Schriftstellerin, die Experten braucht, um ihren Figuren festen Boden unter den Füßen zu verschaffen, wird zwar grobe Fehler vermeiden, aber nicht ihr Publikum fesseln können, weder durch Vertiefung von schon Bekanntem noch durch überraschende Einsichten. Der ganze zweite Teil wirkt angelesen und vor allem viel zu unkritisch.

Ibrahim erhält am Ende eine Einreisegenehmigung in die Vereinigten Staaten, dank der Vermittlung von Julies Verwandten, und Julie entschließt sich unerwarteterweise und trotz ihres ganz auf westlicher Sexualität beruhendem Eheglück, in Ibrahims Dorf und bei seiner Familie zu bleiben. (Übrigens hat Gordimers Forschungseifer bei Amerika nachgelassen: Sie beschreibt Kalifornien als eine Art Spielhölle, obwohl in Wirklichkeit das Glückspiel in Kasinos in diesem Staat gesetzlich untersagt ist.) Julies Entscheidung, die einen

Schuss Mystik an sich hat, bleibt unverständlich. Die Wüste vermittelt ihr einen Hauch von Ewigkeit und sie fühlt, dass ihr Leben im Dorf als Englischlehrerin von jungen arabischen Mädchen und Frauen eine Daseinserfüllung ist. Weder das eine noch das andere überzeugt. Die Einschränkungen, denen sie sich als Frau in einem islamischen Land unterwerfen muss, fechten sie nicht besonders an: Sie gewöhnt sich schnell daran. Das alles ist so unwahrscheinlich wie der Mangel an Aggressivität dieser offensichtlich frustrierten Menschen.

Allerdings fragt man sich beim Lesen, ob die eigene Ungeduld mit dieser Darstellung eines muslimischen Dorfes, die so viel auszulassen scheint, vor dem 11. September ebenso ausgeprägt gewesen wäre. Ich meine, viele Widersprüchlichkeiten liegen auf der Hand und wären dieser rationalen Autorin im eigenen Milieu nicht unterlaufen. Doch die politische Gegenwart beeinflusst die Rezeption eines Buchs, das vor einigen Monaten zeitgemäß war und heute schon unzeitgemäß wirkt, weil darin, wie in Brechts Gespräch über Bäume, so vieles ungesagt bleibt.

»Ein Mann von der Straße« ist kein Meisterwerk, aber immer noch ein lesenswertes Buch über aktuelle Probleme, das nachdenklich stimmt.

Nadine Gordimer: Ein Mann von der Straße.
Roman. Aus dem Englischen von Heidi Zerning.
Berlin Verlag, Berlin 2001. 272 Seiten

Nachbarn in Jerusalem

Batya Gurs Detektivromane eröffnen deutschen Zeitungs-lesern den Zugang zu einem Israel, das wir aus den Nach-richten der letzten Jahre nicht kennen gelernt haben. Da ge-hen die Leute ihren alltäglichen Besorgungen nach, als ob es die Politik kaum gäbe. Man bewegt sich in einer Welt, wo sich alle in alles einmischen, aber es dabei (einigermaßen) gut meinen, in der man informeller ist als in Europa oder sogar Amerika, wo schlechter Kaffee und fast gar kein Alkohol ge-trunken wird, die Menschen ruhig dahinleben und hitzig streiten, wo sie, wie anderswo, sich ihrer Scheidungen schä-men und auf ihre Kochrezepte stolz sind, und wo viel und ge-scheit geredet wird. Die Vielfalt der israelischen Gesellschaft wird in diesen Büchern lebendig.

Der Held ist Kommissar Michael Ochajon, ein liebenswür-diger Softie, musikalisch und kinderliebend, ein Akademiker, der einmal Historiker werden wollte und dessen Erfolge von seiner ungewöhnlichen Menschenkenntnis herrühren. In ei-nem früheren Roman gibt es eine Debatte über Detektiv-romane. Michael Ochajons Gesprächspartnerin, die gerne Krimis schmökert, meint, man lese sie, weil alle Menschen unter einem Schuldkomplex leiden und sich im Roman mit dem Detektiv, der ihnen die Schuld abnimmt, identifizieren. Michael seinerseits hat wenig für die Gattung übrig. Krimis seien zu vorausbestimmt und künstlich und nur darauf aus, wer das Verbrechen begangen habe, und nicht darauf, was im Kopf des Verbrechers vorgehe. Im normalen Detektivroman sei alles der Handlung unterworfen, dabei hätte die Schön-heit kaum Raum zum Atmen. Nur Dostojewskis »Schuld und

Sühne« sei diesbezüglich anders, aber das sei auch kein richtiger Detektivroman, meint die Krimileserin. Und tatsächlich hat Michael Ochajon einiges mit Dostojewskis Inspektor Porphirij Petrowitsch, der Raskolnikoff zu Fall bringt, gemeinsam und nicht nur, dass beide gesundheitsschädigend viel rauchen. Wie sein berühmter russischer Vorgänger gestaltet Ochajon ein polizeiliches Verhör, als wäre es eine Unterredung mit einem Psychiater, ist geduldig, holt aus und ergeht sich dabei auch in Weitschweifigkeiten.

Im vorliegenden Buch sind er und sein Team auf der Suche nach dem Mörder einer jungen Frau, deren Leiche man auf dem Dachboden eines Hauses, das renoviert werden sollte, gefunden hat. Milieu und Wohngegend spielen von Anfang an eine entscheidende Rolle. Es ist nicht von ungefähr, dass Kommissar Ochajon gleich zur Stelle ist.

Denn er hat sich eben eine Wohnung im selben Jerusalemer Viertel gekauft und ist auf dem Weg, sie einem Kollegen zu zeigen. Die Geschichte spielt in einem Viertel, wo verschiedene Einwanderergruppen eng beisammen und in nächster Nachbarschaft, aber oft in Unverständnis voneinander, leben. Und das ist der eigentliche Fokus dieses Mordfalls. Die Nähe von Michaels neuer Wohnung zum Tatort ist ein Beispiel dafür, wie Batya Gur ihre Polizisten in der Gemeinschaft verankert, aus der die Täter und die Opfer stammen. Es ist bezeichnend für ihre Romane, dass die große Distanz, die in Detektivgeschichten traditionell zwischen Ermittlern und Verbrechern besteht, weitgehend aufgehoben ist. Alle sind Kinder derselben Gesellschaft, aus der das Gute wie das Böse erwächst.

Denn es geht zwar um zwei Verbrechen, erst Mord, dann Kidnapping, alles ganz spannend, wie sich's gehört, aber das eigentlich Faszinierende und Aufregende ist das Bild der Straße, wo Juden aus aller Herren Länder wohnen, die sich in Israel zusammenraufen und auch anfeinden, letzteres so sehr, dass es gefährlich werden kann. Da sind's vor allem die westlichen Juden, die Aschkenazim, die sich von den afrikanischen Einwanderern bedroht fühlen, während diese wiederum sich ungerecht und mit Verachtung behandelt sehen. Die Motive für die fiktiven Verbrechen sind dementsprechend nicht die üblichen, als da sind Geldgier und Eifersucht, sondern sie sind tiefer verankert in der jeweiligen Kultur oder Subkultur, in der Kindheit der Täter und Opfer und den Familiengeschichten der Gruppe oder der Einzelnen. Oft sind es sogar Talente und auch gute Eigenschaften, die zur Tat beitragen können.

Das Opfer in unserem Buch stammt von jemenitischen Einwanderern ab und hat sich vor seinem Tod intensiv mit dem jemenitischen Hintergrund seiner Familie befasst. Michael Ochajon selbst ist im Alter von drei Jahren mit seinen Eltern von Marokko nach Israel gekommen, er ist also nicht europäischer Abstammung, was ihm in diesem Fall zustatten kommt, denn der vehemente Hass auf die Aschkenazim ist das erste, was ihm in seinen Ermittlungen entgegenschlägt. Auch wo es nicht unbedingt für den Plot nötig wäre, untersucht Batya Gur die ethnischen Auseinandersetzungen im heutigen Israel, die Vorurteile und andererseits die Versuche vernünftiger Menschen, diese zu bekämpfen. Zwar sind auch Araber im Spiel, auf die in einer Atmosphäre von Terroranschlägen und gegenseitiger Feindseligkeit leicht ein Verdacht fällt. Aber es sind vor allem die Beziehungen der Juden untereinander, die diese Autorin anschaulich macht, die Auswirkungen der Unterschiede zwischen den religiösen Sitten und

Gebräuchen innerhalb des Judentums, und die Kluft, wie überall, zwischen dem Lebensstil von Reich und Arm. Ein paar Seiten Erläuterungen würden den deutschen Lesern den Einstieg in dieses Milieu erleichtern, ein paar Hinweise auf Einrichtungen und Feiertage, auch gelegentliche Erklärungen zur israelischen Geschichte und Übersetzungen von hebräischen Begriffen.

Im vorliegenden Roman gibt es eine Art Romeo-und-Julia-Geschichte, Nachbarskinder, die sich mögen und deren Eltern einander hassen und den Kindern verbieten, miteinander zu spielen. Wie üblich, lassen sich die Kinder nicht dreinreden, nur sind diese beiden keineswegs sympathische Jugendliche, wie bei Shakespeare, sondern schwer neurotische, teils von der Vergangenheit belastete Menschen, deren Schwächen, mehr noch als die der Eltern, zur Tragödie führen. Batya Gurs Figuren sind für einen Krimi ungewöhnlich differenziert, so widmet sie zum Beispiel detaillierte Sorgfalt einem schwierigen, dicken, eigenbrötlerischen kleinen Mädchen, das für die Entwicklung der Story von zentraler Bedeutung ist.

Überhaupt Kinder: Zu der Vergangenheit, die die Lebenden heimsucht, gehören auch die Adoptionen von Flüchtlingsbabys in den späten vierziger Jahren durch wohlhabendere Familien, ohne dass die leiblichen Eltern immer ihre Einwilligung gegeben hätten. Die Erinnerung an solche Affären lässt die Menschen, die darunter gelitten haben, nicht zur Ruhe kommen. Dabei spielen weniger die Ereignisse selbst eine Rolle als deren psychologische Auswirkungen in der nächsten Generation.

Auch innerhalb der Polizei gibt es Spannungen und Reibungen unter Figuren, die den Lesern von Batya Gurs Romanen bekannt sind: Michael, dem manche seine akademische Ausbildung und seinen Erfolg bei Frauen übel nehmen; Eli Bachar, der sich benachteiligt und übersehen vorkommt; dessen Frau Zila, der, dank ihrer Einsichten und Mütterlichkeit, das ganze Team verpflichtet ist; der über allen stehende alternde Leiter der Abteilung und deren Vaterfigur Schorr; und Dani Balilati vom Nachrichtendienst, der Taktlose und von Vorurteilen Behaftete, noch dazu ein Dauerquatscher, bei dem vielen die Geduld reißt, die ihm selber öfters durchgeht, der aber nichtsdestoweniger ein vorzüglicher Polizist ist. Ihre Argumente untereinander und ihre Fehden mit den Journalisten, die sie bei jeder Untersuchung bedrängen und beengen, sind mitverantwortlich für die bedenkliche Länge des Buchs, die den Durchschnitt für einen Krimi manchmal bis zur Langatmigkeit überschreitet.

Leider wirkt die Sprache oft gestelzt, die Übersetzung mühselig, man vermutet mehr Leichtigkeit und Witz im Original. Trotzdem dringt ein mehrschichtiger Humor durch, von liebevoll lustigen Bettgesprächen bis hin zum hartgesottenen Zynismus der Menschen, die zu viel mit Toten zu tun haben. So wird etwa nach der Obduktion das Gehirn der Leiche, das man beim Zunähen des Kopfes vergessen hatte, in der Bauchhöhle mit anderen Organen verstaut: »Bei der Auferstehung der Toten wird auch das Gehirn an seinen Platz zurückkehren ... Außerdem gibt es Menschen, die ihr Hirn im Bauch haben«, behauptet der Pathologe Dr. Solomon.

Damit die romantische Seite nicht zu kurz kommt, hat Ochajon wieder einmal eine attraktive Freundin. Er wird immer von seinen Kollegen wegen seiner zahlreichen Liebesaffären gehänselt, dabei ist er gar kein Draufgänger und Schürzenjäger, sondern ein einfühlsamer Einzelgänger, dem wir als Leser(innen) Glück bei seiner jeweiligen Eroberung wünschen, die die Autorin zu unserer Unterhaltung im nächsten Roman weggewischt und durch eine andere ersetzt hat. Diesmal ist es eine Jugendfreundin, die er seit Jahrzehnten nicht gesehen hat, in die er sich wieder verliebt und mit der er, zwischen den Verbrechen, die es zu lösen gilt, aufs Heftigste glücklich ist. Man wünscht sich noch mehr Begegnungen mit diesem Kommissar. Könnte er nur aufhören, Kette zu rauchen! Damit setzt er ein schlechtes Beispiel für junge Leser und stirbt uns womöglich noch an Lungenkrebs vor seinem nächsten Fall.

Batya Gur: Denn die Seele ist in Deiner Hand.
Roman. Aus dem Hebräischen von Barbara Linner.
Goldmann Verlag, München 2003. 448 Seiten

Harry Potter und die Suche
nach der verlorenen Zeit

Man kann nicht über die Potter-Bücher sprechen, ohne zunächst über das Phänomen Harry Potter zu stolpern, das heißt über seinen unvergleichlichen kommerziellen Erfolg. Der eben erschienene englische Wälzer wird, unübersetzt, Nummer 1 auf der Bestsellerliste des *Spiegel*. Das hat es noch nie gegeben. Vielerorts in Deutschland ist dieser fünfte Band der Serie ausverkauft. Mit meinem ausgelesenen Rezensionsexemplar beglückte ich die Tochter eines Göttinger Freundes, die ihn nicht mehr auftreiben konnte und sich überschwänglich per Mail bedankte, weil der Urlaub mit den Eltern nun erträglich ausfallen würde. Das 13-jährige Mädel wird diese fast 800 Seiten mit ihrem Schulenglisch sicherlich ohne Pause wegputzen und sich dann kränken, weil sie auf den sechsten Band warten muss. So geht's uns allen, die spätestens seit dem zweiten Band süchtig geworden sind.

Also: sicher eine Serie von Kultbüchern. Wer mitreden will, muss sie gelesen haben, und je mehr Leser, desto größer der Druck auf weitere potenzielle Leser. So war's seinerzeit bei der Hermann-Hesse-Welle, und noch früher wälzte sich Galsworthys Forsyte-Saga, ein Band nach dem anderen, mit neuen Überraschungen auf den Markt und gewann jedes Mal neue Leser. Doch der Kultstatus allein, auch wenn er noch so sehr von den Medien verstärkt wirkt, erklärt nicht die Lust am Lesen, die sich bei jedem Kind, das die Nase in, sagen wir, Seite 333 versenkt hat, beobachten lässt. Die Potter-Bücher sind vielleicht die einfallsreichsten Kinderbücher, die es je gegeben hat. Wer sich auf diese Zauber-cum-Spießbürgerwelt einlässt, der kauft sich eine Garantie gegen die Langeweile. Es ist ständig was los, und die vielen Nachdenklichkeiten werden immer in Aktionen verpackt.

Die Autorin scheint alle Mythologien und alle Folklore und Märchen, die ihr zugänglich waren, geplündert zu haben, um sie in einem englischen Schulroman, mit seiner Internats-Hierarchie, seinen miteinander wetteifernden Wohnheimen und traditionellen Sport- und Essensritualen zu verstauen. Was sich an Glauben und Aberglauben, an Phantasiegestalten und Hirngespinsten im Abendland angesammelt hat, hier lebt's in der Hogwarts-Schule für Zauberer und Hexen als literarisches Kinderspielzeug auf, dabei unter erkennbar normalen Menschen, die in ihrer ganzen Gewöhnlichkeit und Ungewöhnlichkeit aufmarschieren: Kinder mit ihren Blödeleien und ihrem Analhumor, Lehrer, die gelegentlich flunkern, nicht alles wissen und oft unsympathisch sind, und außerhalb der Schule die verheerend phantasielose Welt der Muggels, der Menschen, die nicht zaubern können. Ein bisschen geht's zu wie in T. S. Eliots »Waste Land«, wo die Scherben alter Kulturen in einer heillos modernen Welt gelandet sind: »These fragments have I shored against my ruin«, klagt der Dichter. Nur bei Rowling ist der Zusammenprall von Uraltem und einmal Heiligem mit der heutigen Alltäglichkeit amüsanter und liebevoller und halt kindlicher gestaltet.

In der neuen Fortsetzung sind Harry Potter und seine beiden Freunde Hermione (oder deutsch: Hermine) Granger und Ron Weasley, die im ersten Band elfjährig waren, fünfzehn geworden, pubertieren aufs Haarsträubendste, streiten viel und haben es mit noch gefährlicheren Anfechtungen als je vorher zu tun. Und so übertrifft das neue Buch die vorigen an Komplexität sowohl des erzählerischen Aufbaus wie der

psychologischen Feinheiten und an philosphischen Denk-
spielen. Es ist ja ein Merkmal der Potter-Bücher, dass die
Kinder mit jedem Band älter werden, während die Helden
und Heldinnen in der sonstigen Kinderliteratur von Band
zu Band meistens gleichaltrig bleiben. Ein anderes, wahrlich
verblüffendes Merkmal ist, dass Rowling ganz ausgewogen
für Buben und Mädchen schreibt. Da sausen die Buben auf
Besenstielen in der Luft bei dem Schulsport Quidditch herum, also auf einem Transportmittel, das wir bisher nur als
Hexentaxi gekannt hatten. Die Lehrer sind sowohl Zauberin-
nen wie Zauberer, beide Geschlechter nehmen an allen Ver-
anstaltungen gleichermaßen teil, auch am Sport. Harry ist
der zentrale Held, doch Hermine ist die Intellektuelle in dem
Dreigespann der Freunde. Der Direktor der Schule, der fast
zu gütige Dumbledore, ist ein Mann mit gottväterlichen Eigenschaften, doch eine resolute Minerva ist die »head mis-
tress« von Harry Potters Wohnheim Gryffindor. Der Gegenspieler Dumbledores und Inbegriff des Bösen ist zwar der
männliche Voldemort, doch im neuen Buch wird Dumbledore für kurze Zeit von einer Frau abgelöst, einem wider-
lichen Weib, halb böse Fee, halb Margaret Thatcher, die zum
Gaudium der Schülerinnen lächerlich hässliche rosa Strick-
jacken trägt, aber in ihrer Schulpolitik ein keineswegs lächer-
liches, bedrohlich diktatorisches Regime einführt. In der großen Schlacht am Ende des Buchs (Rowling setzt in jedem
Band einen atemberaubenden Höhepunkt zum Schluss ein)
besteht die Armee der Guten aus drei Schülern und drei
Schülerinnen. Man sieht: Die Mädchen und Frauen werden
nicht in passive Rollen gedrängt, sondern Rowling verteilt die
guten und die schlechten Erbsen redlich unter Manderl und
Weiberl.

Das Buch ist reich an Nebenhandlungen und neuen Nebengestalten, wie sie das englische Publikum seit Charles Dickens liebt. Doch es tauchen auch ganz neue Probleme auf in dieser sich erweiternden Welt der Fünfzehnjährigen. Da wird Harry Potter zum Beispiel von den Medien, in Form der Tageszeitung *Daily Prophet* durch hämische Innuendos unglaubwürdig gemacht, so dass er die Bewunderung und Unterstützung seiner Klassenkameraden verliert, was ihn abwechselnd deprimiert und in Wut versetzt. Das Establishment der Zauberer will nämlich nichts wissen von der zunehmenden Kraft des Bösen, dessen Augenzeuge Harry am Ende des letzten Romans gewesen ist. Politische Spannungen, die weit über den Schulbetrieb hinausgehen und bis in die Londoner Ministerien der Zauberer greifen, erinnern oft mehr an aktuelle Nachrichten als an Grimms Märchen, so die Suche nach einer furchtbaren Geheimwaffe, die sich als Illusion herausstellt. Gratwanderung zwischen Kinder- und Erwachsenenbuch? Keineswegs. Wir bleiben fest verankert in der Gattung Jugendliteratur, hier wird nicht auf die Eltern geschielt, Ambiente und Unterhaltungswert sind die der Kinder. Wir ältere Herrschaften sind nur eingeladene Gäste, die auch einmal Ringelspiel fahren dürfen.

Das Tollste an »Order of the Phoenix« ist jedoch das Spiel mit der Erinnerung. Von Anfang an war die Frage nach der Vergangenheit und wie man sie erkennt und auferstehen lässt, in den Potter-Büchern als bedeutendes Motiv angelegt gewesen. Hier schillert das Gewesene und die Verstorbenen, wie zum Beispiel das Leben von Harrys ermordeten Eltern, in unerwarteten Zusammenhängen, und unsere Wahrnehmungen werden ebenso oft verunsichert wie bereichert. Wir erfahren, wie jede Lebensphase nicht nur ihre eigene Gegenwart, sondern auch ihre eigene Geschichte hat, wobei die Toten eine unvermeidliche, aber oft geheime Rolle spielen. Der Erforschung dieses Verhängnisses sind die Kinder der fünften Hogwarts-Klasse auf der Spur und lernen dabei den Tod in gewaltigen Sinneseindrücken kennen. (Die schwarzen Pferde der Schulkarossen sind nur für den sichtbar, der schon Leichen gesehen hat.) Die Gegenwart schwankt, wo die Vergangenheit unbeleuchtet ist. Aber welche Erinnerung ist verlässlich? Auch Harry lässt sich täuschen und wir, seine Leser, mit ihm. Je genauer die Bilder, desto unsicherer der Boden, auf dem sie fußen. Der Phönix wird Asche, die Asche wird Phönix. Welcher Verwandlungsstufe wohnen wir gerade bei?

Und bei welcher Lektüre war uns schon einmal so zumute? Bei den besten Gespenstergeschichten? Sicherlich, aber das ist schon lange her. Und dann, als wir nach langem Atemholen beim letzten Band von Marcel Proust angelangt waren. Da sahen die Menschen so anders aus als in den ersten Bänden. Die Harry-Potter-Bücher entwickeln sich allmählich zu einem Kinder-Proust.

J. K. Rowling: Harry Potter and the Order of the Phoenix. Bloomsbury Press, London 2003. 766 Seiten (auf Deutsch: Harry Potter und der Orden des Phönix. Aus dem Englischen von Klaus Fritz. Carlsen Verlag, Hamburg 2003. 1020 Seiten)

Überwältigende Vergangenheit

In Paris führt eine Frau Tagebuch. Sie heißt Angelika, sie ist eine deutsche Jüdin, und sie schreibt über eine andere deutsche Jüdin, ihre Freundin und Schwägerin Klara, die vor fast drei Jahren nach Auschwitz verschleppt worden ist. Die Zeit ist Juli bis September 1945, der Krieg in Europa ist vorüber, die Überlebenden aus den Lagern sind fast alle zurückgekehrt, und als nur noch ein Schimmer von Hoffnung übrig ist, da taucht Klara doch noch auf. Seit ihrer Befreiung reist sie, vor allem durch Deutschland, ihre alte Heimat. In Paris ist sie seit einer Woche, offenbar hatte sie es nicht eilig, ihre Verwandten und Freunde wiederzusehen. Sie erscheint der Tagebuch schreibenden Angelika sehr verändert, und das nicht nur körperlich. Sie ist hart geworden und hat eine merkwürdige Gleichgültigkeit gegenüber den täglichen Dingen, aber auch gegenüber den Gewohnheiten und Leitideen, die das Leben ordnen.

Angelika beschreibt eine zuerst sehr schweigsame Klara, die spröde und unnahbar geworden ist, nur auf der Kante von Lehnstühlen sitzt, offenbar zutiefst traumatisiert, geprägt von der Erfahrung sinnlosen Tötens und Sterbens, an dem sie, und nicht nur als Opfer, teilgenommen hat. Klara verschanzt sich, meint, sie fände es selbstverständlich, nach Auschwitz zurückzukehren, sie sei gar nicht weg von dort. Sie stiehlt, was sie braucht, sieht nicht ein, warum man nicht stehlen soll. Sie ist keine »schöne Opferfigur«. Sie isst zu wenig, alles Menschliche, einschließlich ihrer Weiblichkeit wie auch der Körperpflege, ist ihr verhasst, ekelt sie an, sie schneidet sich selber die Haare so kurz, dass sie wie ein magerer junger Mann aussieht. Vor allem will sie ihr Kind nicht sehen, die kleine Tochter, die sich in Angelikas Obhut befindet.

In einem Café wird sie, auf Grund dieser kurzen Haare, von einem Franzosen verhöhnt, der sie für eine Frau hält, die sich mit den deutschen Besatzungsmächten eingelassen hatte und darum geschoren wurde. (Für jüngere deutsche Leser wäre hier eine Fußnote angebracht gewesen.) Klara schlägt ihm mit aller Kraft ins Gesicht, fällt in Ohnmacht und in einen langen Tiefschlaf. Nach dieser Episode erholt sie sich ein wenig, nimmt mehr Nahrung zu sich und wird vor allem gesprächiger. Der Rest des Romans besteht hauptsächlich aus Klaras Erzählung, wiedergegeben und gefiltert durch Angelika.

Es zeigt sich, wie falsch wir die Wiedergekehrte eingeschätzt haben, wenn wir sie zuerst nur als passiv Leidende einstuften. Klara ist von Anfang an hartnäckig und willensstark. Sie nimmt die Nachricht, dass ihr Mann, der Vater ihres Kindes, der auch Angelikas Bruder war, von der Gestapo erschossen wurde, kaltblütig auf. Es stellt sich heraus, dass ihre Ablehnung der kleinen Tochter, der das Buch seinen Titel verdankt, nicht nur vorübergehend war, sondern dass Klara das Kind überhaupt nicht wiedersehen will und es für immer aufgibt. Sie plant nach Amerika auszuwandern und nicht wiederzukommen. Sie verlangt von ihrer Schwägerin, die selbst einen kleinen Sohn hat, man solle ihrer Tochter vorlügen, die Mutter habe den Krieg nicht überlebt.

Vom psychologischen Standpunkt ist die Situation nicht überzeugend. Die Erzählerin vermittelt zwar, dass das Kind bei den Verwandten gut aufgehoben sein wird, doch Klara wird nicht als derart oder auch als so dauerhaft psychotisch dargestellt, dass sie das einzige, was ihr geblieben ist, ablehnen und sich für alle Zeit bei diesem Kind verleugnen lassen würde. Man fragt sich auch, warum die Verwandten ohne Weiteres bereit sind, mitzuspielen. Obwohl ja alle Varianten menschlichen Handelns möglich sind, müsste ein solcher Fall durch komplexere erzählerische Mittel, als Soazig Aaron sie verwendet, glaubhaft gemacht werden. Klaras Standpunkt erfordert eine noch stärker geschädigte Psyche, die die Autorin, wohl ganz bewusst, nicht vermittelt oder vermitteln will.

Denn Klara vertritt einen Standpunkt, der, obwohl psychologisch dubios, doch als philosophisches Problem zum Aufhorchen zwingt. Postuliert wird, dass ein Mensch, der sich in einem ethischen Niemandsland aufgehalten hat, etwas weiß, was der Rest der Welt nur ahnt. Sie war nicht nur mit dem Tod konfrontiert, sondern mit einer absoluten seelischen Leere.

Was wäre ein konsequenter Umgang mit dieser Einsicht? Die Freiheit hat die Frage nicht gelöst, sondern stellt sie erst richtig. Wie Klara in Auschwitz keine Albträume hatte, aber in Paris aus den Albträumen gar nicht mehr herauskommt, so wird hier aus der Schlussfolgerung des Buchenwaldlieds (»Wir wollen trotzdem Ja zum Leben sagen, / Denn einmal kommt der Tag, da sind wir frei«) ein dröhnendes und scheinbar unumstößliches »Nein«.

Was Klara von Auschwitz erzählt, ist bekannt, und die Metaphern sind zu Klischees verkommen. Sie spricht von Auschwitz, wie wir's gewöhnt sind, als Hölle, Babel, eine andere Welt. Das meiste klingt angelesen, anders als Angelikas Vignetten von der Rückkehr der Verschleppten, deren erste Reaktionen und das Wiedersehen mit Verwandten, die die Ihrigen kaum erkennen. Eine kleine Gruppe von ganz »normalen« Menschen umgibt Klara, nämlich Angelika und ihr

Mann, ein französischer Arzt, dessen Eltern einmal Antisemiten waren, bis sie einsahen, wohin dieses Vorurteil führen kann; dann noch eine Freundin und deren Familie. Sie alle kochen und nähen, umsorgen einander und tun ihr Bestes, sind liebe, rücksichtsvolle Menschen. In der Mitte Klara mit ihren, zuerst unaussprechlichen, Erfahrungen, auf die ein Wortschwall folgt, in dem sie alles erzählt.

Sie hat getötet, um andere zu retten, aber nicht nur darum. Denn sie hat auch nach dem Krieg getötet, und da war es eine klare Mordtat aus Wut und Rache. Der Auslöser, der diese Gewalttat herausforderte, war die Weigerung der Deutschen, Verantwortung zu übernehmen. Es geschah in Berlin, wo im unversehrten Haus ihrer Großmutter die Nutznießer der jüdischen Enteignung eine gemächliche Mahlzeit einnahmen. Klara kommt unangemeldet und verhält sich peinlich, was die alten Nachbarn nicht zur Kenntnis nehmen wollen. Sie wehren ab und reden Klara schließlich mit dem Namen »Sarah« an, also mit dem Vornamen, den die Nazis allen Jüdinnen aufzwangen. In Berlin bringt diese Verachtung Klara zur Weißglut, und sie erschießt das Ehepaar mit einem gestohlenen Revolver. Später in Paris und am Anfang des Romans übernimmt Klara diesen Namen, auf den sie in Berlin mit zwei Kugeln reagiert hat. An dieser Stelle wird für den Leser die Szene im Café, die andere Erniedrigung, auf die Klara mit einem Faustschlag reagiert, verständlicher. Die überzogene Reaktion auf die geringeren Beleidigungen der Nachkriegszeit als Spätreaktion auf den wahren Terror gehört zu den gelungensten und packendsten Stellen des Romans.

Als wir schon glauben, nun endlich zu wissen, warum Klara sich für unfähig hält, ihr Kind zu übernehmen, überrascht uns noch eine Episode aus dem Lager und verschiebt unsere Perspektive in Richtung einer vereitelten menschlichen Beziehung. Klara hat zu Kriegsende einen kleinen Jungen versorgt, den sie nach ihrem Vater Uli genannt hat. Dieser Junge, der ihr in den letzten Wochen im Lager zugelaufen ist, wählt die Sprachlosigkeit und stirbt aus eigenem Willen, weil er die Welt verneint. Hätte sie ihn retten können, sagt Klara, so wäre sie auch eine geeignete Mutter für ihr eigenes Kind gewesen. Die absolute Lebensverneinung eines kleinen Jungen war die Bestätigung ihrer eigenen Vereinsamung.

Das Buch ist ein Versuch, zu erforschen, was dem Menschen unerträglich ist. Klara lebt in der Negation, und indem sie Nein zum Leben sagt, bleibt sie am Leben. Sie meint, wer nicht den Grund für die Lager weiß oder finden kann, der wird auch keine Gründe für andere Phänomene akzeptieren, bestimmt nicht für die einzelnen Absurditäten, die der Einzelne begeht. Ein leider etwas umständlich übersetzter Satz, der ein zentrales Problem des Romans zusammenfasst, lautet: »Wenn niemand auf das Warum der Lager antworten kann, ist jeder Mensch für alle seine Handlungen gerechtfertigt, wie mörderisch auch immer.«

Allerdings lässt die Autorin uns am Ende im Zweifel darüber, was an Klaras Berichten glaubhaft sei und was nicht. Ihre Wörter seien in einen Schrank zu sperren, dessen Schlüssel man wegwerfen möge. Klara sei als eine Baustelle, also als etwas Unfertiges, zu betrachten. So soll der Roman zu weiteren Überlegungen führen, keinen Schlussstrich ziehen. Wie man dieses Buch beurteilt, hängt weniger von der Sympathie ab, die man den einzelnen Figuren entgegenbringt, oder von der realistischen Einschätzung der Handlung, als von dem Gedankenspiel mit letzten Dingen, das von der historischen Wirklichkeit unseres Zeitalters gespeist ist.

48

»Klaras Nein« ist der erste Roman einer nach dem Krieg geborenen Französin. Jorge Semprúns Vorwort, nur für die deutsche Ausgabe, beglückwünscht die Autorin, weil sie, Angehörige einer jüngeren Generation, dieses Thema gewählt hat. Nur dann würde das Gedächtnis an den großen Zivilistenmord nicht ausgelöscht werden, meint er, wenn auch in rein literarischen Werken weiter darüber nachgedacht wird.

Für ein solches Nachdenken ist das vorliegende Buch ein intensives und, wenngleich es auch nicht durchweg realistisch ist, intellektuell herausforderndes Beispiel.

Soazig Aaron: Klaras Nein. Roman. Aus dem Französischen
von Grete Osterwald. Mit einem Vorwort von Jorge Semprún.
Friedenauer Presse, Berlin 2003. 188 Seiten

Der Irrlauf im Kopf

Herta Müller ist die Dichterin des permanenten Angst-zustands unseres Zeitalters. Ich sage absichtlich »unse-res«, denn die Ängste, die sie beschreibt, sind keine privaten Luxusängste, die man zum Psychiater schleppen und auskurieren kann, sondern solche, die von den modernen Gesellschaftsstrukturen den Menschen aufgezwungen werden und sich in der Phantasie einnisten. Das ist das große Thema ihrer Romane, die in immer neuen Variationen erzählen, wie man sich in einem totalitären Alltag zurechtfindet, in dem man sich eigentlich von vornherein nicht befinden, weil es ihn nicht geben sollte.

Die Gattung Essay ist im Deutschen nicht sonderlich gepflegt worden. Das Deutsche hat keine Klassiker wie Montaigne oder Ralph Waldo Emerson. Und auch keine Susan Sontag. Umso willkommener sind originelle, formbewusste Aufsätze, wie die vorliegenden neun Essays (einige aus ihrer Tübinger Poetikdozentur) über das Leben, Sprechen und Schreiben in der Diktatur und danach. Es steht viel Autobiographisches darin. Von dem banatschwäbischen Mädchen ist die Rede, das Kühe hütet, Dialekt spricht (»Eine Uhr hatte ich keine«) und von klein auf mit imaginierten Ängsten zu kämpfen hat, nämlich mit der »im Kopf gebauten Dorfangst«, in einer Umgebung, wo nur das Notwendigste gesprochen wird, weil dort alle Menschen, besonders die in der eigenen Familie, von der Zeitgeschichte angeschlagen sind: »Angstbilder rollten durchs ganze Dorf.« Einer ihrer unverkennbar lakonischen Titel lautet: »Wenn etwas in der Luft liegt, ist es meist nichts Gutes.«

Später treten an die Stelle der Kinderängste die »geplante, kalt verabreichte Angst, die die Nerven durchbeißt«. Der König des Buchtitels ist eine leitmotivisch böswillige Figur, die mit Todesangst und ihrer Kehrseite, der Lebensgier, zu tun hat, eine schillernde Figur, Schachkönig und Polizeichef in einem. Phantasie und grausame Wirklichkeit verschmelzen in dieser Gestalt, bezeichnend für den besonderen Blick und Stil einer verfolgten Dichterin, die sich über Wasser hält, indem sie sich Gedichte aufsagt und selbst Collagengedichte anfertigt, von denen einige in den vorliegenden Band aufgenommen sind. Sie und ihre Freunde erfinden Sprachspiele, die zum Lachen reizen und der inneren Abwehr dienen. Vom Verhör mit einem Geheimdienstler kommend, fällt ihr das Wort »Leichenzucker« für blühende Linden ein. Auf den Bäumen wachsen »Greisenpfirsiche«. In differenzierten Reflexionen über das, was Sprache leisten kann, besteht sie darauf, dass Sprache und Wirklichkeit nicht aufeinander abgestimmt sind. Sprache sei nicht Heimat, kann nicht Heimat sein, man mache es sich zu leicht mit diesem tröstlichen Satz, denn die Muttersprache schütze ja nicht vor Vertreibung und Gefangenschaft im eigenen Land.

Im Kindergarten der rumänischen Diktatur wird sprachliche Verkommenheit geradezu gepflegt, denn die Kinder sind gewohnt, statt Kinderlieder nur politische Lieder zu singen, die den Diktator preisen. Als eine neue Lehrerin ihnen etwas Besseres und Passenderes vorschlägt, weigern sie sich, mitzusingen. Die falschen Worte sind Begleiterscheinungen einer grausamen Erziehung durch Stockschläge. Wenn diese ausbleiben, führt der verinnerlichte Zwang zur völligen Disziplinlosigkeit im Klassenzimmer, ein hoffnungsloser Kreislauf.

»Der fremde Blick« befasst sich mit Herta Müllers Einbürgerung in Westdeutschland und beschreibt mit der psychologischen Finesse, die man von dieser Autorin erwartet, wie der Verdacht von Verfolgung den Blick und die Wahrnehmung entstellt, so dass man auch in der Freiheit mit dem Argwohn lebt und die Außenwelt nicht als selbstverständlich hinnimmt. Sie wendet sich gegen die ästhetische Vereinnahmung dieser existenziellen und schmerzhaften Erfahrung durch ungefährdete Schriftsteller, die sich brüsten, die Welt immer mit einem »fremden Blick« zu betrachten, weil sie von Natur aus besonders sensibel seien. Nicht die Schriftsteller, sondern die Verfolgten, die begründetes Misstrauen hegen, haben den fremden Blick, erläutert sie. So sei auch ein Wort wie »Inselglück«, ein beliebtes Aushängeschild der bundesdeutschen Reisegesellschaften, ein Indiz für privilegiertes Leben, denn die Isolation, die Müller mit dem Wort »Insel« assoziiert, bedeutet die Vereinsamung der Menschen in einer unverlässlichen Umgebung. »Glück« hingegen ist Ferienstimmung, die Verbindung der beiden ein innerer Widerspruch.

Hier wird mit ungewöhnlicher Subtilität von Erfahrungen berichtet, die sonst eine viel krassere Bearbeitung erfahren. Tatsächliche Gewalttätigkeiten, deren Zeugin Herta Müller gewesen ist, erscheinen den Westdeutschen unglaubhaft, schreibt sie. Sie berichtet weit mehr von seelischen Zuständen, auch von solchen, die sich der Sprache entziehen, das, was sie den »Irrlauf im Kopf« nennt, der aber als »poetischer Schock« seine positive Seite habe. Sie beschreibt, was Verhöre im Kopf anrichten, auch nachdem sie vorbei sind. Um die Präsenz der Vergangenheit in der Gegenwart zu zeigen, verschiebt sie die Silben und erfindet die Neologismen »Gegenheit und Vergangenwart«.

Diese Essays ergänzen einerseits das Romanwerk der Autorin in intensiver Auseinandersetzung mit den psychologischen und sprachlichen Auswirkungen politischer Repression. Aber vor allem sind es stilistisch eigenwillige und selbständige kleine Kunstwerke, die Lesevergnügen bewirken, trotz ihres bitteren Inhalts.

Herta Müller: Der König verneigt sich und tötet.

Hanser Verlag, München 2003. 205 Seiten

Beiruts Töchter

Der westliche Blick auf arabisches Frauenleben ist oft verstellt durch eine einseitige Konzentration auf Unterdrückung und Diskriminierung, ein Schleier, hinter dem die Vielfalt des Lebens verschwinden kann. Diese Vielfalt wird jedoch dankenswerterweise in immer mehr Büchern von arabischen Autorinnen aufgefächert. Romane sind besonders geeignet, uns die Einfühlung in eine fremde Welt zu erleichtern.

»Zu Hause, irgendwo«, Nada Awar Jarrars erster Roman, der jetzt auf Deutsch vorliegt, hat Beirut und seine ländliche Umgebung zum Mittelpunkt: »Beirut ist ein wiederkehrender Traum, trügerisch und zugleich vertraut, Andenken an einen wandernden Geist. Blaues Meer, hupende Autos, Fischhändler und Gemüsekarren, Staub, Rufe von Balkon zu Balkon, Sonne, Lärm und der beherrschende Eindruck eines geordneten Chaos.«

Beirut ist deshalb teils Traum, weil Wirtschaftsnot und Bürgerkrieg die Menschen ins Exil treiben, zuerst die Männer, die in Afrika und Südamerika arbeiten, und schließlich ihre gefährdeten Familien. Doch wenn manche von ihnen Jahre später, als wieder Frieden herrscht, zurückkehren, werden sie von der Bevölkerung, die das Kriegselend dort durchgemacht hat, oft scheel angeschaut. Heimat, Verbannung und eventuelle Rückkehr sind Hauptmotive des Buchs von Nada Awar Jarrar.

Sie sind ausgearbeitet in drei Ansätzen, drei Frauenleben, um die sich dann weitere Gestalten, Verwandte und Freundinnen, scharen. Da gibt es verschleierte und unverschleierte

Frauen, berufstätige und solche, die ihre Familie schlecht und recht mit Handarbeiten ernähren, weil die Väter die Familie verlassen haben; und Frauen, die ihren Männern in traditioneller Weise völlig untertan sind. Keine Grausamkeiten, nur Enttäuschungen, wenngleich diese oft bitter genug sind.

Es sind sanfte, kinderfreundliche Menschen, die Jarrar darstellt, Angehörige der relativ kleinen muslimischen Sekte der Drusen, was die Wahl von Ehepartnern, besonders im Exil, erschwert, weshalb man diese öfters in der alten Heimat sucht. Religion ist manchmal Trost, meistens nicht. Der Schleier bedeutet Einengung, kann aber auch Schutz und Wärme und Schönheit vermitteln, wenn man ihn gläubig zum Gebet anlegt: »Mein langer weißer Schleier, durchscheinend und lichtdurchwoben, ist mir zu meinem liebsten Kleidungsstück geworden, und sobald ich ihn umlege, hört mein Geist auf zu wandern.«

Das Emanzipationsstreben der Frauen wird aufgewogen durch das Bedürfnis nach Geborgenheit und nach einem Ort, an dem man zu Hause sein darf, »irgendwo«. Das härteste und auch das anrührendste der drei Leben steht am Ende. Eine alte Frau liegt im Exilland Australien in Windeln auf dem Sterbebett. Aus ihrem arabischen Namen Salwa ist längst eine englische Sally geworden. Sie spricht englisch und arabisch durcheinander, und ihre Kinder verstehen sie nicht immer. Als 15-jährige wurde sie widerwillig an einen viel älteren Mann verheiratet, der sie entgegen seinem Versprechen, ohne sie zu fragen, in ein Schiff verfrachtete und mit ins Exil nahm. Er hinderte sie daran, Klavierspielen zu lernen, aus Angst, sie könne es vor einem fremden Publikum tun. Er verbot der Tochter das Medizinstudium, und war doch – zumindest seinem Verständnis nach – ein guter Vater und liebevoller Ehemann.

Die anderen beiden Hauptgestalten haben es gewissermaßen leichter. Denn die eine ist mit einem fortschrittlichen Mann verheiratet und kann ihren Wohnort frei wählen. Jahrelang wohnt sie im Dorf, auf der Suche nach den alten Lebensformen. Schließlich gibt sie es auf und zieht zu ihrem geduldigen Gatten und ihrer Tochter in die Stadt. Die dritte Heldin ist ledig und versucht nach langem Exil, Beirut wieder zu erkennen und sich ihrem Geburtsland durch Beruf und Beschäftigung wieder einzuverleiben. Beide sind moderne Frauen mit tiefen Wurzeln in alten Traditionen.

Da sind die Väter, die aus der Fremde nicht zurückkamen und die festsitzen in der Phantasie der Töchter, die ihr Leben lang auf den Vater warten und diese Sehnsucht nicht abschütteln können. Einmal ist es ein Ersatzvater, ein geliebter Diener, palästinensischer Flüchtling, der aber, wie sich herausstellt, seine eigene Familie zu Gunsten der Kinder seiner Arbeitgeber vernachlässigte. Die Vision dieses Mannes begleitet seinen ehemaligen Schützling, nachdem er selber schon im Bürgerkrieg erschossen wurde, durch verregnete europäische Parkanlagen wie eine Konkretisierung des Heimwehs. Und dann gibt es die geisterhafte Wirklichkeit der Großmutter, die noch im alten Steinhaus gelebt hat.

Denn was die drei Schicksale zusammenhält, ist ein Steinhaus nördlich von Beirut und die symbolträchtige Erinnerung daran. In ihm hat die Großmutter der ersten Erzählerin, die noch Analphabetin war, gewohnt, und in ihm bringt die Enkelin ihr Kind zur Welt und zieht dann doch wieder aus. Das Haus wirkt magnetisch auf die zweite Heldin, die Rückkehrerin, die darin eine Vorschule aufmachen will, doch entmutigt von ihrem Vorsatz ablässt. Das Foto des Hauses verschwimmt der alten Salwa/Sally in Australien zu einer Erinnerung, die sie in ihrem sterbenden Gehirn nicht mehr richtig einreihen kann.

In dem Haus ist der Traum eines Libanon eingefangen, den es nicht mehr gibt, außer in den Köpfen seiner sehnsüchtigen Töchter. Und doch besteht dieses Haus, und man kann es besuchen. Es stellt, wie der ganze Roman, die Frage: Wer soll dort wohnen? Was ist Heimat? Wie soll man im Ausland, mit der Heimat im eigenen, wie im kollektiven, Gedächtnis, leben?

Selbst Exilanten, denen es in der Fremde gut geht, leiden an Verlustgefühlen. Es sind Fragen, die allgemein gültig sind für die Flüchtlings- und Exilschicksale, die sich seit dem 20. Jahrhundert häufen. Trotz der geschilderten Aktualität ist das Buch, wenn man so will, dank seiner Sehnsuchtsthematik, ein romantisches Buch. Und ganz gewiss ein poetisches.

Nada Awar Jarrar: Zu Hause, irgendwo. Roman.
Aus dem Englischen von Barbara Heller.
Blessing Verlag, München 2004. 223 Seiten

Der erste Mensch muss
weiblich sein

Als die Orientalistin und Friedenspreisträgerin Annemarie Schimmel im Jahre 2003 starb, hinterließ sie als ihre letzte Arbeit die vorliegende Auswahl und Übersetzung, mit Einleitung und kurzen Erläuterungen, von etwa 100 Gedichten aus mehreren Jahrhunderten und in sechs Sprachen – Arabisch, Türkisch, Persisch, Usbekisch, Urdu und Sindhi, die Sprache des heutigen Pakistan. Die Verfasserinnen sind ausschließlich muslimische Frauen.

Diese Dichterinnen haben es nicht leicht gehabt. Die Übersetzerin schreibt: »Dichtung von Frauen war und ist für viele strenggläubige Muslime etwas Ungewöhnliches, ja sogar Verpöntes … Da nach strengster Auffassung die ehrbare Frau nicht nur nicht gesehen, sondern auch nicht gehört werden sollte, wurden solche Dichtungen nicht veröffentlicht.«

Trotzdem hat schon die Tochter des Propheten Mohammed ein Trauerlied auf den Tod ihres Vaters verfasst. Sie ist die erste Dichterin in diesem Band. Die letzte ist 1958 geboren und ist hier vertreten mit einer Auflehnung gegen die Ungleichheit in der Ehe: »Hand in Hand / möcht' ich mit dir durch das Leben wandern – / und du / möchtest mir einen Ring durch die Nase ziehen / und mich mitzerren.« Dazwischen liegt ein ganzer Regenbogen von Liebesgedichten, Kinderreimen, religiösen und politischen Versen, Totenklagen, erzählenden Gedichten und kurzen Sprüchen.

Wie in Deutschland, gab es auch im islamischen Mittelalter eine weibliche Mystik. Die Verfasserinnen waren sowohl Edelkurtisanen wie vornehme Damen, und ihre Introversion erregte bisweilen Misstrauen. Im 9. Jahrhundert wurde eine dichtende Mystikerin ins Irrenhaus gesperrt, wo sie poetisch beteuerte: »O Leute, ich bin nicht verrückt geworden. / Ich scheine trunken – nüchtern ist mein Herz! / Ihr bandet mir die Hände – ich bin schuldlos –, / ihr klagt mich nur um Seine Liebe an.«

Das Thema alter Mann/junge Frau ist seit der Renaissance ein beliebtes Motiv der europäischen Komödie. In den islamischen Ländern, wo solche Heiraten gang und gäbe waren (und sind), schlägt sich die Rebellion in brisanten Versen nieder. Im 15. Jahrhundert entrüstet sich eine Hofdame: »Nein, interessiert’ ich mich für einen solchen Alten? – / was hätt’ ich wohl für Spaß an einem schwachen Greis?« Im 19. Jahrhundert schreibt eine andere wehmütig: »Für dich war ich so wie ein zweiter Ast, / an dem der Jugend Glanz man noch erfasst. /… Doch wer bedauert uns, so mich wie dich? / Dich nennt man ›welk‹, und nennt ›verkrüppelt‹ mich.«

Alte arabische Kindertanzreime besingen und beklagen die Minderwertigkeit der Töchter im Vergleich zu Söhnen und suchen humorvoll nach Trost: »Was kann ich dafür, dass ein Mädchen kam ’raus? / Sie macht mir nicht Schande, sie hütet das Haus, / sie kämmt mir den Kopf und sie sucht nach der Laus.« In einem anderen dient die Auffassung, dass der männliche Same der ausschließliche Lebensspender ist, als Entschuldigung der Frau für Töchterreichtum: »Wir sind wie Erde für den Sämann, leer, / und bringen Frucht ohn’ eigenes Begehr.«

Doch Frauen behaupten auch ihre Würde und Eigenständigkeit. Eine Ägypterin beschreibt das Prinzip der Fruchtbarkeit in einem Gedicht über eine Dattelpalme auf dem Dach, zu der nur die Frau den Zugang findet: »Und der erste

Mensch / muss weiblich sein, / damit er es fertigbringt, /... / damit die Entdeckung der Dattel vollendet wird.« Um die letzte Jahrhundertwende behauptet eine feministische persische Dichterin:»Die Frauen sind im Heimatleib die Seele, der Mann: der Leib – / wirken Leib und Seele nun gemeinsam, lebt auch das Vaterland.«

Soziales Elend wird zum Thema im 20. Jahrhundert, besonders in den Gedichten von Türkinnen, die über die Armen in den Großstädten und andalusischen Dörfern schreiben:»der Gott, den sie haben, / ist ein Gott des Zorns, /... Er nimmt, aber gibt nicht; zerbricht, aber heilt nicht.« Das Elend der dritten Welt kommt im Gedicht einer Sudanesin zur Sprache, die sich als Hilfsempfängerin identifiziert und ihre völlige Abhängigkeit von Fremden beklagt. Die politischen Katastrophen schaffen fesselnde Bilder, wie in einem Klagegedicht aus und über Afghanistan:»Ich habe gehört, dass in meinem Lande / die Nacht sich selbst vor den Sternen fürchtet / Der Baum vor dem Mondschein /... / Ich habe gehört, dass in meinem Lande / die Wünsche Zuflucht suchen in Leichentüchern / und die Bettler im Hause der Hungernden /.../ Ich habe gehört, / dass die Neugeborenen statt Milch die Brust ihrer Mütter essen.«

Lyrik zu übersetzen ist bekanntlich eine undankbare Aufgabe, da Gedichte mehr als Prosa von den Eigenheiten der Ursprungssprache abhängig sind. Schimmel hat den Rhythmus der Originale beibehalten und auf den Reim manchmal, aber nicht immer, verzichtet. Die poetische Wiederholung gewisser Wortgruppen, wie im Ghasel, ist gut übersetzbar und vermittelt einen Eindruck des Originals. Bei Übersetzungen aus der nichteuropäischen Kultur wird die Schwierigkeit des Andersartigen ja auch teilweise aufgehoben durch den Reiz des Exotischen, das sich bei näherem Hinschauen doch als ein Verwandtes entpuppt. Annemarie Schimmel meint sogar, »dass kaum ein Unterschied zwischen dem Kinderlied einer Araberin der frühislamischen Zeit und dem einer deutschen Mutter besteht«. Ob das stimmt oder nicht – was uns hier geboten wird, liest sich flüssig und leicht.

Die Sammlung heißt nach einem Gedichtzitat »Ein Buch namens Freude«. Doch noch eindringlicher suchen hier Motive von weiblich kodiertem Schmerz und Kummer nach Ausdruck. Eine Kaiserstochter und Bücherliebhaberin aus dem 17. Jahrhundert komprimiert dieses Gefühl in zwei Zeilen:

Erwählte mich ein Maler zum Modell –
Wie würde er die Form des Seufzers zeichnen?

Ein Buch, das man getrost in den Bücherschrank neben »1001 Nacht« stellen sollte. Scheherezade konnte eben nicht nur erzählen, sie konnte auch dichten.

Annemarie Schimmel: Ein Buch namens Freude. Gedichte von Frauen aus der islamischen Welt. Ausgewählt, übersetzt und mit einer Einleitung von Annemarie Schimmel. Herausgegeben von Gudrun Schubert. C. H. Beck, München 2004. 265 Seiten

Privatdetektivin mit Herz

Es soll ja Krimileserinnen geben, denen der Name der Chicagoer Privatdetektivin V. I. Warshawski bislang kein Synonym für zwei oder drei vergnügliche Leseabende bedeutet. (An einem Abend schafft man so einen Fast-Wälzer nicht.) Für diese glücklichen Menschen, denen die Lektüre von zwölf schon erschienenen Fällen noch bevorsteht, hiermit eine kurze Einführung zu einer ganz aparten Romanheldin.

Ihre Mutter war eine musikalische Italienerin, übrigens halb jüdisch, der Vater Polizist polnischer Herkunft, beide Eltern Agnostiker, und aufgewachsen ist V. I., die sich am liebsten mit ihren Initialen, nicht mit ihrem Rufnamen Victoria vorstellt, in einem katholischen Arbeiterviertel Chicagos. Sie ist beneidenswert geschmeidig, gelenkig und stark, wie es sich für ihren Beruf gehört, sie joggt ja auch täglich, kann hervorragend mit Schusswaffen und Einbrecherwerkzeug umgehen und mit ihrem ausgezeichneten Verstand die kniffligsten Probleme entschlüsseln. Sentimental – nein. Ein Herz für die Armen und Geschundenen – ja. In ihrem Beruf wird sie oft mit Hohn und Misstrauen von dickköpfigen Männern überschüttet, aber sie findet auch schlagende Antworten auf herablassende Bemerkungen, woran wir als Leserinnen, denen solche Antworten immer erst zu spät einfallen, unsere Freude haben.

So weit entfernt wie nur möglich ist sie von Agatha Christies betulicher Miss Marple, die Vorgängerin aller heutigen Detektivinnen, die in ihrer englischen Kleinstadt durch bloßen Scharfsinn und ohne Risiko der Gerechtigkeit diente. V. I. ist eher nach dem Muster des klassischen amerikanischen Detektivs geschneidert, wie Hammett und Chandler ihn entworfen haben, dessen Leben und Wirken sich in einer korrupten kapitalistischen Welt abspielt, wo für oder wegen großer Geldsummen gemordet wird und fast alle Menschen käuflich sind. Alle, ausgenommen der Privatdetektiv. Er, der Heilige dieses Milieus, obschon sarkastisch statt salbungsvoll, schreitet unerschrocken und unbestechlich durch die luxuriösen Behausungen der Reichen und Superreichen und zeigt ihnen, was ein Mann ist. Dann kehrt er zurück in seine bescheidene Mietwohnung und sein trübes Büro mit leeren Händen und reinem Gewissen. Er ist der Gerechte, an den sich unser Glauben an eine trotz allem moralisch stabile Welt klammern kann.

Was aber bringt die Detektivin mit, das dem männlichen Vorbild fehlt? Die Antwort lautet: Herz. V. I. ist keine Alleingängerin, sie braucht Menschen um sich, denen sie nahe steht, sie denkt oft und liebevoll an ihre tote Mutter Gabriella, lässt sich gerne von ihrer Freundin, der Emigrantin Lotty, einer Ärztin aus Wien, bemuttern (diesmal mit Linsensuppe) und freut sich, wenn der alte Nachbar Herr Contrera, der eigentlich ein Nervengänger ist, sich großväterlich um sie sorgt und sie mit heißem Tee traktiert. Das Besondere an V. I. ist die aparte Wirkung, die von dieser Verschmelzung weiblicher und männlicher Eigenschaften, eingesetzt gegen widrige Umstände, ausgeht. Jugendliche haben Zutrauen zu ihr; sie hat Liebesverhältnisse – nicht mit demselben Mann in allen Romanen, doch immer leidenschaftlich und hingebungsvoll, niemals oberflächlich. Sie ist hart, aber auch sensibel und mitfühlend, kurz: eine Seele von Mensch.

Paretsky ist in ihren letzten Büchern immer sozialkritischer und aktueller geworden. »Blacklist« ist wohl der engagierteste Roman der Warshawski-Serie. Er beginnt mit der Verängstigung und Verwundbarkeit, die der Anschlag vom 11. September in Amerika auslöste, Gefühle, die unsere Detektivin teilte, und die darauffolgende Einschränkung der amerikanischen Bürger- und Privatrechte. Manche Stellen sind wie aus den letzten Zeitungsnachrichten gegriffen. Dann aber führt die Handlung zurück zu der McCarthy-Zeit der fünfziger Jahre, als skrupellose Abgeordnete im Kongress die Angstvorstellungen des Kalten Krieges ausnützten. Warshawski stößt zufällig auf die Leiche eines schwarzen Journalisten, der alten Staub aufgewirbelt und dabei Geheimnisse aus jener Zeit der hysterischen Angriffe auf vermeintliche Kommunisten bloßgestellt hat, wofür er, wie sich herausstellt, sterben musste. Sein Projekt war, ein Buch über eine Tänzerin zu schreiben, die damals durch korrupte politische Intrigen zu Schaden kam. Das ist der Hintergrund.

Der Angelpunkt der vordergründigen Handlung im heutigen Chicago ist ein ägyptischer Teenager, Spüler in der Küche einer Privatschule für reiche Kinder. Er wird von der Polizei und dem FBI gesucht, angeblich, weil sein Visum abgelaufen ist, in Wirklichkeit, weil man ihn des Terrorismus verdächtigt. Eine liberale Schülerin nimmt sich seiner an und versteckt ihn, gefährdet aber durch ihren Eigensinn sowohl ihn wie sich selbst. Sie ist ein hervorragend skizzierter Teenager, rechtschaffen, aber auch rechthaberisch, idealistisch und doch unrealistisch, angesteckt von der Anmaßung und Überheblichkeit der besitzenden Klasse, zu der sie gehört, eine, die noch viel zu lernen hat, aber der man die Zukunft Amerikas nichtsdestotrotz, wenn auch etwas zögerlich, anvertrauen möchte. – Warshawski versucht Schadenbegrenzung.

Paretsky verknüpft geschickt die beiden Perioden und

veranschaulicht, wie auf wirklich bestehende Gefahren unvernünftige Reaktionen folgen können. Ein knotenreicher Knäuel von Menschen und Episoden entsteht in den Verstrickungen von Sünden der fünfziger Jahre und der heutigen Terroristenjagd. Man braucht Aufmerksamkeit und Geduld, um diesen verschlungenen Pfaden zu folgen – was ja für echte Krimileser ein Fressen ist. Für die, die im Labyrinth von erfundenen Fakten leichter ermüden, bleibt ein Buch zu dem fesselnden Thema Vertrauen und Misstrauen im privaten und im öffentlichen Bereich und ein politischer Unterhaltungsroman mit vielen scharf umrissenen Figuren.

Wie immer, ist auch dieses Warshawski-Abenteuer eine Hommage und praktisch ein Reiseführer durch die windige Stadt Chicago.

Sara Paretsky: Blacklist. Roman.
Aus dem Englischen von Sibylle Schmidt.
Goldmann Verlag, München 2004. 511 Seiten

Die Künstlerinnen
von Worpswede

Zwei Künstlerinnen aus der ersten Hälfte des letzten Jahrhunderts, Freundinnen und Kolleginnen in der Künstlersiedlung Worpswede bei Bremen und auf Reisen nach Paris: Die eine, Paula Modersohn-Becker, ist heute berühmt, ihr Mann halb vergessen. Die andere überragt der Ruhm des Dichters, den sie heiratete. Eine einmalige Konstellation von Menschen und Ortschaften.

Das Leben der Männer und Frauen, die sich in Worpswede trafen, liebten und arbeiteten, ist bekannt. Die Autorin hatte Zugang zu einigen unveröffentlichten Dokumenten und konnte mit Familienmitgliedern sprechen, doch das eigentlich neue und fesselnde an diesem Buch ist der weibliche Blick auf weibliches Leben und weiblichen Ehrgeiz. Durch die Zusammenführung werden die sozusagen verschwisterten Lebensläufe von Paula und Clara, das bisschen Erfolg zu Lebzeiten und die Zerreißprobe von Ansprüchen, die sich in die Quere gerieten und die wir heute Doppelbelastung nennen, zu paradigmatischen Fällen. Man erfährt und versteht, wie groß der Druck auf Töchter aus gutbürgerlichem Hause war, zu heiraten und sich als tüchtige Hausfrauen zu bewähren, ohne Rücksicht auf ihre eigentlichen Fähigkeiten und Neigungen.

Da war zunächst der Kampf, ihr Handwerk, ihre Kunst, überhaupt erlernen zu dürfen. Besonders in der Becker-Familie herrschten Zweifel. Die Ausbildung war teuer, teurer als bei Männern, da die öffentlichen Kunstakademien keine Frauen zuließen und die privaten weitaus mehr kosteten.

Clara Westhoff hatte noch ein weiteres Vorurteil zu überwinden, nämlich gegen die Frau als Bildhauerin.

Die Männer himmeln die Frauen zwar gelegentlich an, andererseits gibt es das Schimpfwort »Malweib«. Auch »Damen« hat im Zusammenhang mit ausübenden Künstlerinnen einen sauren Beigeschmack. Rilke umschwärmte beide Frauen, Paula sogar noch mehr als Clara. Doch in einem Brief an Rodin empfiehlt er Paula als die »Frau eines sehr distinguierten Malers«, nicht als eigenständige Künstlerin. In seiner Monographie über Worpswede erwähnt er keine der malenden Frauen, wie er ja auch in seinem Requiem für Paula diese nur als Freundin, nicht als Malerin würdigt.

Auch die Kunstkritiker haben ihre Vorurteile. Modersohn-Beckers Vorliebe für Kinder als Modelle ist als der »Schrei nach dem Kind« interpretiert worden. Wendt stellt sachlich und überzeugend fest, dass Kinder und alte Frauen in Worpswede als Modelle billig zu haben waren, während erwachsene Männer mehr Geld erwarten durften, da sie sich als Tagelöhner verdingen konnten. Die beiden Künstlerinnen waren von ihren Familien abhängig und mussten sparen.

Beide Ehen sind enttäuschend, und zwar von Anfang an. Die Autorin wirft ein nüchternes Auge auf die Männer von Worpswede und besonders auf Rilke. Den Worpsweder Männern kommt er wie ein Schwächling vor. Modersohn schreibt boshaft an Paula während der Verlobungszeit 1901: »Und am Freitag nachmittag – wer kam da? Du ahnst es schon: Clara W. mit ihrem Rilkchen unterm Arm.« Er erkrankt nach seiner Verlobung und wird im Hause von Claras Eltern gepflegt, kränkelt weiterhin, verdient nichts oder wenig und trennt sich bald von seiner Frau, obwohl die beiden sich nie scheiden ließen. Clara scheint nach der Eheschließung eine Art

Depression erlitten zu haben. Sie gibt schließlich die Tochter Ruth an die Eltern ab, um ihre Karriere weiterzuentwickeln und hat mit einem dementsprechend schlechten Gewissen zu kämpfen. Wendt meint, ihr Einfluss auf Rilkes Entwicklung als Dichter werde unterschätzt.

Paula geht es nicht besser. Modersohn verlobt sich mit Paula Becker drei Monate nach dem Tode seiner ersten Frau. Er hat eine kleine Tochter aus erster Ehe, für die Paula sorgt. Paula musste auf Drängen ihrer Eltern, bevor sie heiratete, einen Kochkurs in Berlin absolvieren, der sie, wie nicht anders zu erwarten war, anödete. Nach der Heirat sitzt sie beim Kalbsbraten in der Küche und schreibt Briefe über die Zeitverschwendung. Der Vater gibt ihr brieflich gute Ratschläge, wie sie sich dem Ehemann zu unterwerfen habe: »Die Aufgabe der Frau ist es aber im Eheleben Nachsicht zu üben … und die kleinen Schwächen die er hat auch durch ein Verkleinerungsglas zu sehen.« (Er merkt scheinbar nicht, wie sehr er, der ja selbst Ehemann ist, sich da bloßstellt.)

Beide Künstlerinnen sehnen sich nach Paris. Eine gemeinsame Reise dahin bleibt ein Höhepunkt ihrer Freundschaft, die allerdings wohl nie intim war: Sie siezten einander in ihren Briefen, wobei man freilich die formelleren Sitten der Zeit in Rechnung stellen muss. In Paris entdeckt Paula Becker das Werk von Paul Cézanne, das ihr zum entscheidenden Durchbruch wird.

Paula trennt sich schließlich von Otto Modersohn, geht nach Paris, um dort zu bleiben, lässt sich aber von Freunden und Verwandten, nicht zuletzt vom Ehemann, der eine Frau im Haus braucht, auf einen erneuten Versuch ein, wird schwanger, gebiert ein Kind und stirbt im selben Monat an einer Embolie im Alter von 31 Jahren. Modersohn geht ein

Jahr später eine dritte Ehe ein. Clara wird 75 Jahre alt und stirbt 1954 in Bremen.

Die Nazis, die die Kunst von Fritz Mackensen und Otto Modersohn begrüßten, haben Paulas Bilder als entartete Kunst verworfen. Sie ist mit Abstand heute die bekannteste Künstlerin der Gruppe.

Zitate aus Briefen, Stellen aus Rilkes Tagebüchern und seinen Erinnerungen an Worpswede, sowie der Blick von Außenseitern, vor allem Dichter, die sich im Laufe der Zeit zu den Worpswedern geäußert haben, ergänzen das Bild. Die sorgfältig ausgewählten Reproduktionen sind ein perfekter Rahmen für dieses leserfreundliche Doppelprofil.

»Clara und Paula« enthält ein paar Einschübe, die das Fiktionale streifen und in einem rein wissenschaftlichen Werk nicht angebracht wären. Es handelt jedoch nicht nur von Frustrationen, sondern ebenso von der Freude am Lernen und Schaffen, der Befriedigung, die gelungene Leistung bringt, dem Charme der Worpsweder Landschaft, der Faszination von Paris, und vor allem und immer wieder, von weiblicher Freundschaft.

Gunna Wendt: Clara und Paula. Das Leben von
Clara Rilke-Westhoff und Paula Modersohn-Becker.
Europa Verlag, Hamburg 2002. 272 Seiten

Ein Schweizer Geheimtipp

Der vorliegende Band enthält auf 150 Seiten 57 verblüffende Geschichten. Man könnte Duvanels Texte die Aphorismen von Erzählungen oder erzählende Aphorismen nennen, wie traditionelle Aphorismen vielleicht die Kurzfassungen von Essays sind. Anekdoten sind es jedenfalls nicht, denn sie erzählen oft ein ganzes Leben oder eine Episode, die ein Fenster in einen Lebenslauf öffnet. Fast alle klingen aus, ohne das Rätsel, das sie jeweils aufgeben, gelöst zu haben. Hier gibt's kein tragisches Ende und schon gar kein Happy End. Nicht einmal eine Pointe vergönnt uns die Autorin. Halluzinationen, Illusionen, auch Träume dringen in die Wirklichkeit ein, und es bleibt uns überlassen, die Ebenen auseinanderzuhalten, was uns beunruhigend schwer fällt.

Bei Adelheid Duvanel kann frau das Gruseln lernen. Das neudeutsch-feministische Pronomen »frau« ist angebracht, denn auch dort, wo die Autorin über Männer schreibt, herrscht eine, wie mir scheint, spezifisch weibliche und abgrundtiefe Einsamkeit vor. Schon darum hat der Schweizer Germanist Peter von Matt, dem wir diese Auswahl und ein schönes Nachwort verdanken, recht, wenn er auf Duvanels Einmaligkeit, ihre Unabhängigkeit von Vorbildern pocht, die in diesem Fall männlich wären, wie etwa Kafka oder Robert Walser.

Adelheid Duvanel, geboren 1936 in Basel, war als Textilzeichnerin ausgebildet, was in der Genauigkeit ihrer Beschreibungen einen Niederschlag findet und arbeitete als Büroangestellte, wie mehrere ihrer Protagonist(inn)en. Dann wurde sie Journalistin und Schriftstellerin. Sie veröffentlichte ihre Erzählungen seit den sechziger Jahren in den *Basler Nachrichten* und seit 1980 in einigen Sammelbänden. Auch ein paar Literaturpreise wurden ihr zuteil. Trotzdem ist sie bislang immer noch nur ein Schweizer Geheimtipp. Im Juli 1996 starb sie, im Freien, erfroren in einer kalten Sommernacht, vielleicht ein Freitod.

Die meisten Menschen in Duvanels Geschichten leiden an Angstzuständen, die eindringlich dargestellt, doch nicht analysiert werden. Da geht es um irgendeine Abnormalität, die in einem Menschen steckt, in dem du und ich uns wiedererkennen, wenn auch verfremdet. Es sind kleine Leute, auffallend oft ist von der täglichen Arbeit die Rede, die ja in der fiktionalen Literatur seltener vorkommt als im Leben. Wir begegnen einem Fensterputzer, einem Marktforscher, einem Musikkritiker, einem Gitarrenlehrer, einer Krankenpflegerin, mehreren Bürokräften und Hausfrauen, einer Bankangestellten, einem Konzertagenten, einem Grundbuchbeamten, selbst einem Taschendieb. Arbeitslosigkeit ist Ausnahmezustand und wird besonders vermerkt.

Sie üben langweilige Berufe aus, um ihren Unterhalt zu verdienen, fahren oft in der Straßenbahn, die überhaupt eine große Rolle spielt, aber gleichzeitig haben sie ein unheimliches Innenleben, das an die Oberfläche drängt. Eine fromme Witwe »ertränkt« eine Golduhr, aus schlechtem Gewissen, weil sie vor Jahren einen anderen Mann attraktiver als den eigenen fand. Auf dem Weg sieht sie ausgestorbene Tiere, die Golduhren in den Händen halten, und merkt, wie »der Fluss über zappelnde, schwarze Lebewesen kroch und auf ihnen lag, bis sie erstickten«. Unterm Wasser wohnt das Grauen: »Würden plötzlich all die sonderbaren Lebewesen, die in der Tiefe ihr fremdartiges Leben führen, an die Oberfläche steigen, die Wellen teilen, ihren Rhythmus stören, wäre das Meer geisteskrank. So aber ist es gesund.« Eine eigenartige auktoriale Überlegung, in einem Band, wo es von geistigen Störungen nur so wimmelt und die Oberfläche so bekannt ist wie Bus und Straßenbahn in jeder Stadt.

Zaghafte Annäherungen scheitern, es besteht eine große Leere zwischen den Geschlechtern, wie auch zwischen einzelnen Frauen, die sich nach Wärme sehnen. Eine ältere Frau schläft mit einer Stoffpuppe auf dem Bauch, nachdem eine lesbische Gefährtin sie heimlich verlassen hat. Eine andere »spürte Gott, wie ein einschlafendes Kind die Puppe fühlt, die neben ihm im Bettchen liegt«. Eine geschiedene Frau »läuft mit Stoffschuhen oder dick gefütterten Stiefeln ziellos umher«. Die Männer entfernen sich von den Frauen, ob diese nun Mütter, Bräute oder Ehefrauen sind, auch wenn sie sie zuerst gesucht haben. Emil zum Beispiel will heiraten, lässt sich vom Pfarrer eine Jungfrau empfehlen und wird nach der Verlobung prompt krank, ein Dauerzustand, von dem er sich nie wieder erholt. Die Verlobte zieht zu ihm und pflegt ihn. Punkt, Schluss. Pius fährt »täglich stundenlang mit der Straßenbahn, um seiner Frau zu entgehen«. Eine Büroangestellte hütet alte Briefe, die ihr ein Verehrer geschrieben hat, der inzwischen längst mit einer anderen verheiratet und ausgewandert ist. Sie sind ihr ganzer Besitz, und die Erzählerin bemerkt nüchtern eher als traurig, dass man diese Liebesbriefe weder versichern noch verkaufen kann. Eine Schwangere, die sich fragt, ob »das fremde Gewächs« in ihrem Bauch vielleicht »ein Ungeheuer, blau getupft, mit einem Schnabel« sei, drückt eine Befürchtung aus, die werdenden Müttern nicht unbekannt ist, nur haben wenige den Mut, sie auszusprechen.

Der Sachverhalt ist am Ende jeder Geschichte ziemlich klar. Und doch fragt man sich erstaunt: »Was habe ich da eigentlich gerade gelesen?« Manche Geschichten sind wie die Lokalnachrichten über merkwürdige Unfälle und Verbrechen: Joggi, der Fensterputzer, »hüpft« im Suff aus dem Fenster und wird lebenslänglicher Invalide; eine Mutter springt mit einem Fotoalbum in der Hand aus dem Fenster und verunglückt tödlich; ein kinderloses Paar stiehlt ein Kleinkind und verniedlicht den Raub durch kindische Wortspiele. Im Erzählduktus erscheint alles gleich selbstverständlich und gleich geheimnisvoll.

Es hat wenig Sinn, dieses Buch, so schmal es ist, an einem Abend durchzulesen, als wär's ein Krimi. Am besten man liest ein oder zwei oder drei Geschichten, legt sie beiseite und liest erst weiter, wenn man nachgedacht hat. Die Welt wird einem nach der Lektüre zwar nicht hoffnungsvoller, aber weniger erklärungsbedürftig vorkommen.

Adelheid Duvanel: Beim Hute meiner Mutter.
Erzählungen. Mit einem Nachwort von Peter von Matt.
Nagel & Kimche, Zürich 2004. 176 Seiten

»Wahre Geschichten«
aus dem Dritten Reich

Der vorliegende Band aus der Nazizeit hat sein eigenes Exilschicksal, einschließlich Verlust und späte Rückkehr. Denn es handelt sich hier nicht etwa um die Neuauflage eines vergriffenen Werks, sondern um die Rückübersetzung eines englischsprachigen, ursprünglich für ein anglophones Publikum bestimmten Buchs, dessen deutsches Originalmanuskript unauffindbar ist. So erscheinen diese Prosastücke von Thomas Manns ältestem Kind, just zu Erikas 100stem Geburtstag und 65 Jahre nach der englischen Auflage, zum ersten Mal auf Deutsch, sorgfältig betreut und mit einem aufschlussreichen Nachwort von der Erika-Mann-Biographin Irmela von der Lühe.

»The Lights Go Down« wurde 1940 gleichzeitig in England und in den USA veröffentlicht, als das eine Land schon Krieg mit Deutschland führte, das andere noch zögerte. »Wahre Geschichten aus dem Dritten Reich«, hieß es im Untertitel. Das »Wahre«, nämlich die repressiven Maßnahmen der Nazis in den dreißiger Jahren, belegte Erika Mann mit Zitaten aus Dokumenten, dem *Völkischen Beobachter* und dem SS-Organ *Das Schwarze Korps*. (Diese Zitate wurden dankenswerterweise nicht rückübersetzt, sondern aufgefunden und in ihrem vollen stilistischen Unfug wortgetreu eingefügt.) Der andere Teil des Untertitels, die »Geschichten«, betont den fiktionalen Rahmen, in dem die Auswirkungen des Unrechtregimes exemplarische Menschen treffen. Psychologische Nuancierungen sind höchstens ein Nebenanliegen, denn es geht der Autorin darum, Bevölkerungsschichten in Einzelschicksalen zu veranschaulichen. Sie sucht das Menschlich-Anrührende in leicht verständlichen Anekdoten und an holzschnittartig ausdrucksfähigen Gestalten zu betonen.

Erika Manns Kulisse ist eine kleine süddeutsche Universitätsstadt, die sie mit Figuren bevölkert, die wirtschaftlich von der neuen Politik bedrängt sind. Sie wusste, dass die Aufbruchstimmung der »Bewegung« im damaligen Deutschland auch manche Ausländer beeindruckte. So erfindet sie einen jungen amerikanischen Studenten, der die Stadt besucht und der dem Treiben der Nazis zunächst eher wohlwollend gegenübersteht, bis er selbst deren repressive Schikanen zu spüren bekommt und den murrenden Widerstand in unterschiedlichen Gruppierungen wahrnimmt. Meist sind es die alltäglichen Missstände der Diktatur, die Erika Mann uns vorführt. Sie zeigt, wie die Kriegswirtschaft den Bedürfnissen der Zivilbevölkerung zuwiderläuft. Kleine Betriebe werden geschlossen, der Staat entscheidet, welche Beschäftigungen richtig, welche überflüssig sind. Landarbeiter müssen in die Stadt, Fabrikarbeiter aufs Land, junge Mädchen müssen in Großfamilien Arbeit verrichten, die ihre Kräfte übersteigt. Keiner wird gefragt, was ihm gemäß ist. Man vermutet überall Spitzel, es herrscht Angst vor den eigenen Kindern, die ihre Eltern denunzieren könnten. Totalitäre Vorschriften greifen bis in die Hühnerfütterung ein, von der die Behörden begreiflicherweise nichts verstehen. So kommt ein Bauernbursche ins Gefängnis, weil er seinem Federvieh nach wie vor Getreidekörner zu fressen gab. Dort trifft er einen gewissenhaften Geistlichen, der wegen einer regimekritischen Predigt eingesperrt wurde, und als Kontrastfigur einen nazifreundlichen Geschäftsmann, der nur einen dummen politischen

Witz erzählt hat und dafür sitzt. Die Hauptgestalten einer Erzählung tauchen als Nebengestalten oder durch kurze Hinweise in einer anderen auf, so dass die geplagte Stadt nach und nach als Ganzes entsteht. Die Universität ist in einer weitgehend humoristischen Erzählung vertreten, in der ein Juraprofessor seine Studenten durch Verdrehung von Logik und Recht erheitert.

Die Opfer des Regimes sind also deutsche Durchschnittsmenschen, und die Judenverfolgung spielt eine eher untergeordnete Rolle. Immerhin betrifft eins der beiden dunkelsten Kapitel die Reichspogromnacht, die »Kristallnacht«, von 1938. Das andere behandelt den Mord an einem aufmüpfigen Matrosen, aus der Perspektive seiner Mutter, die beim Empfang der Nachricht halb wahnsinnig wird. Frauengestalten sind stark vertreten: da ist die Halbjüdin (das war ja auch Erika Mann selbst), die ihre Herkunft verbirgt, bis ihr Chef ihr einen Heiratsantrag macht, den sie nicht annehmen kann; die junge Frau, die fälschlich angeklagt wird, abgetrieben zu haben und Selbstmord begeht; und in der letzten Erzählung eine alte Frau, die kein Deutsch kann, und auf einem torpedierten Flüchtlingsschiff in einem Hollywood-reifen Finale ihren Platz im Rettungsboot einem Vater mit kleinem Kind überlässt. Erika Mann erspart ihrem Publikum Greuel, die es vom Weiterlesen abhalten können, verharmlost andererseits nichts, was Empörung oder Bewunderung bei den Lesern hervorrufen könnte.

Sie war im Exil eine unermüdliche Aufklärerin in Sachen Nationalsozialismus, sowohl als Publizistin wie als Vortragsreisende. Den Nazis war sie in ihrer erfolgreichen ausländischen Tätigkeit so sehr ein Dorn im Auge, dass *Der Völkische Beobachter* sie namentlich als eine »Gelegenheitsdirne« beschimpfte, ein sexuelles Innuendo, das, angewandt auf eine intellektuelle Gegnerin, ein schlagendes Beweisstück für die obszöne Frauenfeindlichkeit der Nazis liefert.

Diese Szenen aus dem Deutschland von 1940 sind Momentaufnahmen, wenn auch aus ausländischer Distanz, auf Augenhöhe festgehalten, bevor die größeren Untaten der folgenden Jahre die geringeren in unserem Bewusstsein überschatteten und das zunehmende Leiden des nicht enden wollenden Kriegs die Miseren der ersten Hitlerjahre verdrängte. Insofern ist diese »Heimkehr« einer halbverlorenen Exilprosa aus dem Propagandakrieg des verflossenen Jahrhunderts, gerade in ihrer begrenzten Perspektive und ihrem gezielt populären Appeal, ein beachtlicher und lesenswerter, teils auch witziger kulturgeschichtlicher Beitrag zu unserer kollektiven Erinnerung an jene Zeit.

Erika Mann: Wenn die Lichter ausgehen.
Geschichten aus dem Dritten Reich. Aus dem Englischen von Ernst-Georg Richter. Mit einem Nachwort von Irmela von der Lühe. Rowohlt, Reinbek 2005. 315 Seiten

Eine Frauenstimme
aus dem Zauberberg

Eine lungenkranke Frau schreibt Briefe an einen Mann, der sie für eine andere verlassen hat. Am Anfang rechnet sie noch mit seiner Liebe, dann kommt der Schlag: Der Mann ist im Begriff die andere zu heiraten und bietet der verlassenen Kranken seine »Freundschaft« an. Keine originelle Situation. Originell ist die Reaktion der Frau, deren analytische Fähigkeiten durch die Todesnähe geschärft zu sein scheinen, ähnlich wie Thomas Mann es bei den Patienten in Davos beobachtet hatte. Auch die Autorin dieses Buches ist im Sanatorium zu Davos gestorben, und es ist, als ob Madame Chauchat aus dem »Zauberberg«, statt nur das Objekt erotischer Männerphantasien zu sein, endlich mit eigener Stimme spräche.

Von Marcelle Sauvageot, Jahrgang 1900, Lehrerin, seit 1926 an Tuberkulose erkrankt, gibt es nur dieses eine erstaunliche kleine Buch. Sie starb im Jahre 1934. Die Briefe hat sie übrigens nie abgeschickt. Ein Kritiker und persönlicher Freund gab sie nach ihrem Tod an einen Verlag weiter. Das schmale Bändchen fand Bewunderer, war aber längst vergriffen und erscheint erst jetzt wieder. In Frankreich wurde es ein Bestseller.

Wovon handeln nun diese Briefe? Der Mann, wie wir ihn durch die Augen der Frau kennen lernen, hat offensichtlich versucht, seinen Abschied durch die schlechten Eigenschaften, die er ihr vorwirft, besonders eine gewisse geistige Selbständigkeit, zu rechtfertigen, und er bringt eine Überlegenheit ins Spiel, die Marcelle Sauvageot nicht gelten lassen will.

»Zu einer Frau sagt man: ›Der, für den Sie geschaffen sind‹, und zu einem Mann: ›Die, die für Sie geschaffen ist‹; hört man je: ›Die, für die Sie geschaffen sind‹? Der Mann ist; alles scheint zu seiner Verfügung zu stehen.« Sie analysiert sein Angebot von Freundschaft statt Liebe und findet den Kern eines heillosen Egoismus darin, der aus seiner Vorstellung der Männerrolle herrührt.

Die Briefe können durchaus als Vorläufer der zweiten Frauenbewegung, die bekanntlich erst Jahrzehnte später einsetzte, gelesen werden. Die Frau besteht auf ihrem Recht, die Schwächen und Hässlichkeiten des geliebten Mannes zu erkennen und beschreibt sie auch mit einer Genauigkeit und Präzision, die nichts zu wünschen übrig lässt. »Deine Schwächen gehören mir«, sagt sie. »Ich leide darunter, dass Du sie hast, aber ich würde nicht wollen, dass Du Dich änderst.« Sauvageot kritisiert die traditionelle Mann-Frau-Beziehung als eine Beeinträchtigung der weiblichen Autonomie. Sie will sich außerhalb der Liebe »einen kleinen Halt« bewahren, »kein Traum, kein Bild«. Er aber nennt das seinerseits ihren Egoismus und Stolz, während sie meint, nur sich selbst wiederfinden zu wollen, wenn auch im Leid. Sie kann sich nicht vorstellen, einen Mann »ohne Ansprüche und Forderungen« zu lieben, wie er es verlangt. Das eigentliche Thema dieser kritischen Liebesbriefe ist das Recht zu denken, die Autonomie, nicht nur die der Frau, sondern die des Menschen überhaupt. Über die Liebe meint sie, sie wolle gern den Kopf verlieren, »aber ich will den Augenblick begreifen, da ich den Kopf verliere [...]. Man soll sein Glück nicht in Abwesenheit erleben.« Seine Freundschaft weist sie ab, gerade weil sie ihn noch liebt. Der französische Titel des Buches ist »Laissez-moi« – Lassen Sie mich. »Wenn man eine Katze festhalten will«, führt sie aus, »die man verletzt hat, kratzt sie und rennt weg. Versuchen Sie nicht, mich festzuhalten.« Das unsentimentale Bild ist typisch für Sauvageots nüchternen und doch gefühlsgetränkten Stil.

Neben der Liebe stehen Krankheit und Tod. Obwohl die Briefe scheinbar nur an zweiter Stelle davon handeln und die Krankheit zuerst im Hintergrund bleibt, ist der (wörtliche) Husten des Todes immer spürbar. Als Leser sind wir uns immer bewusst, dass hier eine Sterbende schreibt. In den ersten Briefen meint sie, noch heilbar zu sein, doch die Angst davor ist schon im Zug von Paris da. Sie will nicht in die Lungenheilanstalt: »Ich habe Angst. Ich möchte nicht aussteigen. […] Jetzt muss ich aussteigen und mich in dieses traurige Haus begeben.« Ihr Körper ist wie ein Mantel, »klebrig vor Langeweile, Krankheit und Verzweiflung«. Beschwörend schreibt sie an den Geliebten, als sie ihn noch zu besitzen meint: »Du, der Du dort geblieben bist, wo man lebt, kannst Du verstehen, dass ich gefangen bin?« Die Worte erinnern an Rilkes verzweifeltes letztes Gedicht aus dem Krankenhaus: »Erinnerungen reiß ich nicht herein. / O Leben, Leben: Draußensein. / Und ich in Lohe. Niemand, der mich kennt.« Als Auftakt zu der einseitigen Korrespondenz über eine verlorene Liebe, bleibt die Kritik dieser Liebe vom Tod überschattet.

Sauvageot will sich nicht vereinnahmen lassen, weder von einem anderen Menschen – selbst Freund oder Geliebter – noch vom eigenen, nicht mehr verlässlichen Körper. Und so endet das Buch mit einer eindrucksvollen Lebensbejahung, aus Anlass eines Weihnachtsballs in der Lungenheilanstalt: »Es tut gut Champagner zu trinken und die Wangen glühen zu fühlen; das bedeutet zwar einen Blutandrang, doch denken wir nicht daran, heute abend kann es keinen Blutsturz geben.« Sie ist glücklich, noch einmal tanzen zu können: »Tanzen, wenn man glaubte, man würde es nie wieder tun, ist ein errungener Sieg.« Die Briefe enden mit einem Kuss für den zufälligen Tänzer, Selbstbehauptung bis zum Schluss.

Der Text wirkt stellenweise ein wenig sperrig, was wohl mehr mit der Übersetzung als mit dem Original zu tun hat. Sprachliche Feinheiten, die hier wichtig wären, gehen ja meist in der Übertragung verloren.

Ein Drittel des Umfangs ist Nachwort, zunächst ein altes von 1934, das mit seinen Klischees über männliches und weibliches Denken und Fühlen die Leserin ermessen lässt, was sich seither geändert und gebessert hat; und ein neuer einsichtsvoller Essay von der Schriftstellerin und Lyrikerin Ulrike Draesner.

Marcelle Sauvageot: Fast ganz die Deine. Aus dem Französischen von Claudia Kalscheuer. Mit einem Nachwort von Ulrike Draesner. Nagel & Kimche, Zürich 2005. 107 Seiten

Ohne Glanz und Prüderie

Nirgends wurde und wird so schonend und beschützend über die Vergangenheit geschwiegen wie bei uns«, schreibt Gila Lustiger. Auf den ersten Seiten ihres Buchs sieht's auch tatsächlich aus wie bei einer gemütlichen normalen deutschen Nachkriegsfamilie, Vater, Mutter und zwei Töchter, mit Kindermädchen, großbürgerliche Verhältnisse. Der Vater hat seine Macken, ein Exzentriker mit Aura. Er liest Zeitungen in acht Sprachen, sammelt Zeitungsausschnitte und vergisst dann prompt, wo sie sind. Die ältere Tochter erzählt in der ersten Person, heißt Gila wie die Autorin und verehrt den Vater, dessen voller Name, nämlich der des bekannten Publizisten und Historikers Arno Lustiger, aber erst auf Seite 54 fällt, als die Tochter in einem deutschen Buchladen in Paris ein Buch mit seinen selbsterzählten KZ-Erlebnissen findet. Den Kindern hat er sie vorenthalten. Gila kauft das Buch, geht mit ihrem kleinen Sohn in ein Bistro und ist überwältigt von dem Kontrast zwischen dem Hungertod im Buch und dem unbekümmerten Essen und Trinken um sie herum. »Ich soff langsam, aber stetig, während mein Sohn Eis und Pommes mit Ketchup aß ... Ich las und wieder wurde der Alltag ein schlechter Film.« Nachher ruft sie den Vater in Deutschland an und zieht ihn am Telefon zur Rechenschaft über sein Schweigen. Seine Antwort: Er wollte die Kinder schonen.

Es ist das alte Dilemma der Überlebenden und ihrer nachgeborenen Familien: Entweder erzählen die Eltern zu viel und verschrecken dadurch die Kinder, oder sie erzählen zu wenig und verweigern ihnen eine Geschichte, die indirekt auch die ihrige ist. Wie man's macht, ist es falsch. Der Grund dafür liegt aber nicht an den einzelnen Menschen, sondern an der Kluft zwischen einer Vergangenheit, die heute kaum noch vorstellbar ist, und dem Leben, wie es sich jetzt für die Mittelklasse der reicheren Länder abspielt. Von dieser Inkommensurabilität handelt das Buch, oder vielmehr von dem Versuch der Nachkriegsgeneration in der Wohlstandsgesellschaft, den Anprall der erinnerten Katastrophen zu verdauen, was eigentlich nicht gelingen kann.

Gila Lustiger schreibt ausdrücklich einen autobiographischen Roman, keine Autobiographie, und besteht auf ihrem Recht, fiktional auszuschmücken und Akzente zu setzen, sich mit »meinem hinzugedichteten Kram zu umhüllen«, als eine Art Schutz vor zu viel Selbstentblößung. Das Selbstporträt als verwöhnte Tochter, hübsch, wohlerzogen, sehr gut ausgebildet, mehrsprachig, intelligent – alles Eigenschaften, die ihr den Zugang zu der Jugend ihres Vaters vermauern –, wird mit einem eigentümlich erheiternden, unaufdringlichen Sarkasmus durchgehalten. Man kann Gila Lustigers Methode leicht unterschätzen, weil hier eine gezielt schnoddrig ausgedrückte Ratlosigkeit zu Worte kommt, während den meisten Lesern eine oberflächliche Tiefsinnigkeit in Sachen Nazizeit lieber ist.

Sie hat drei Länder: ein Deutschland, in dem die Autorin und die Icherzählerin geboren und aufgewachsen ist, in dessen Sprache sie ihre Bücher verfasst, Vaterland in dem Sinne, dass der Vater dort lebt. Doch Deutschland ist ihr nicht nur das Land der Täter, es ist auch das Land der falschen Pädagogen. In der Schule war sie das jüdische Kind, das einem progressiven Lehrer als passives Lehrobjekt gelegen kam. »Ich hatte meinen Klassenkameraden mit meiner bloßen Anwesenheit ins Gewissen zu reden. Ich hatte sie zu bekehren, zu belehren und herumzukriegen. Aber ich war kein gutes Symbol ...« Und später, als sie in Israel Germanistik studiert, das Gegenteil, nämlich entleerte Inhalte, Überliefertes ohne Zusammenhang mit der Aktualität: »bis zum Überdruss habe ich gefressen, was mir verknöcherte deutsche Gastprofessoren lauwarm an Kultur servierten, geblieben ist von der ganzen Schinderei nur der Wunsch abzuhauen, sobald mir einer mit ich weiß nicht was für einem Zitat von Goethe kommt und der Litotes.«

Das zweite Land ist Israel. Lustigers Mutter ist Israeli, hat als junge Frau in der Armee gedient, lebt jetzt wieder dort und möchte die Tochter um sich haben. Israel ist Mutterland. Aber Gila findet sowohl die Mutter wie das Land zu heldenhaft, sie kommt sich im Vergleich feige vor. Sie will nicht in Gefahr leben, schlägt die Einladungen der Mutter aus. Es ist ein Land, das sich arrogant und selbstsicher über die Opfer des Holocaust erhaben fühlt. Gleichzeitig ist es das sonnenüberflutete Land glücklicher Kindheitsferien, wo sie von den »Straßenkindern« spielend Hebräisch lernte.

Und schließlich kommt Frankreich, wo sie mit ihrer eigenen Familie lebt, im zweiten Teil ins Blickfeld, ein Land, zu chi-chi, um über den Tellerrand der eigenen gallischen Intelligenz zu schauen. Bei einer Pariser Cocktailparty erzählt Gila einer Bekannten die Überlebensgeschichte ihres Vaters und seine Rettung durch Amerikaner. Die Gesprächspartnerin ist eine eher unappetitliche Dame, die bei aller Klugheit und literarischer Bildung vielleicht unfähig ist, das richtig aufzunehmen, was sie zu hören bekommt. Diese Gestalt soll wohl das Unverständnis oder Halbverständnis der nichtjüdischen Europäer beleuchten, die weder zu den Tätervölkern noch zu den Opfern gehören, ist aber meines Erachtens leider ein Missgriff. Denn Lustiger zeichnet hier die Karikatur einer verfressenen, sexbesessenen Lesbierin. Das mag amüsant sein, weil es dem gängigen Bild der idealen Französin widerspricht, aber gerade ein Buch über eine verfolgte Minderheit sollte den Vorurteilen gegen gescholtene Minderheiten nicht Vorschub leisten.

Das ist aber auch der einzige Missgriff. »So sind wir« setzt einen neuen Ton im Umgang mit der Zeitgeschichte, es erlaubt dem Unbehagen der Nachgeborenen, sich rücksichtslos in Szene zu setzen. »Aus Büchern. Alles weiß ich aus Büchern. Und das Leben ist an den Haaren herbeigezerrt. Nicht ganz so, aber fast so.« Gila Lustiger hält ein, was sie verspricht, nämlich die Geschichte ihrer Familie »ohne Glanz und ohne falsche Prüderie« zu erzählen. Eine seltsame und seltene Art von Bescheidenheit.

Gila Lustiger: So sind wir. Ein Familienroman.
Berlin Verlag, Berlin 2005. 260 Seiten

Zauberer und Terroristen

Am Harry-Potter-Tag, Samstag, dem 16. Juli, also dem Tag, an dem der sechste Band weltweit ausgeliefert wurde, saß ich mit zwei Enkelkindern in der kalifornischen Sonne am Straßenrand, und wir warteten auf den Briefträger. Im Haus hatten wir's vor Spannung und trotz der draußen herrschenden Hitze nicht mehr ausgehalten. Ich hatte vorsorglich zwei Exemplare (aber nur eins für die Kinder, das andere für die Großmama!) bei amazon.com vorbestellt. Der Briefträger verspätete sich (fanden wir jedenfalls), und als er endlich auftauchte, hatte er die Chuzpe, erst die andere Straßenseite abzuklappern, obwohl wir ihm fröhlich und einladend zuwinkten. »Und wenn er das Buch nun gar nicht dabei hat?«, fragte der zwölfjährige Raphael düster. Darauf Antonia, die ältere Schwester, das zarte Geschöpf, mit gefletschten Zähnen: »Kill him!« Es ging gut aus, er hatte das Buch, ging besser aus als der neue Roman, wo sich Schreckliches am Ende abspielt, und wir hatten's allesamt in zwei, drei Tagen ausgelesen. Seither haben mir mehrere Freunde, Akademiker und ernste Leute, leicht errötend gestanden, auch sie hätten nichts anderes getrieben, bis sie den letzten Satz intus hatten. Die Kinder urteilten, dies sei der beste Harry Potter von allen sechsen. Ich stolperte hie und da über lose Fäden, die jetzt weitergestrickt werden und deren Anfänge ich halb vergessen hatte; nicht so die Kinder, die diese Bücher dreimal lesen und alle Einzelheiten hersagen konnten.

Wer dem Sog des Potter-Epos verfällt, und wie wir wissen, sind's Millionen, Kinder sowohl wie Erwachsene, der liest diese Schwarten süchtig und schlaflos zu Ende. Schwer zu sagen, warum. Teils ist's die Fülle der Figuren, der Reichtum an Episoden in der Tradition der großen britischen Erzähler des 19. Jahrhunderts, besonders Dickens, aber auch aus Rowlings engerer Heimat der schottische Nationaldichter Walter Scott mit seinen dicken und einst so populären historischen Schinken. In jedem ihrer Bücher wird's deutlicher, wie sehr Rowling in dieser realistischen Tradition verankert ist.

Freilich ist nicht der Realismus, sondern die Schulung in Magie das Eigentliche. Die findet jedoch in Grenzen und Schranken statt, denn es wird nicht wild dahergezaubert, so dass alles erlaubt ist, sondern es wird nach Regeln gehext, wir sind ja bitte schön in einem ordentlichen Internat, und die Regeln sind so vernünftig, dass sie dann ihrerseits realistisch wirken. Ein Beispiel ist das Zauberverbot für Jugendliche außerhalb der Schule, was an Autofahrverbot unter siebzehn unter uns Muggels (sprich Philister, Nichtzauberer) erinnert. Auch Küchendienst muss ohne Zauberstab verrichtet werden, wenn man zu Hause und noch nicht siebzehn ist.

Die Schüler im vorliegenden Band sind sechzehnjährig, sind von der Pubertät heimgesucht und platzen aus allen Nähten, verlieben sich nach Strich und Faden, sind eifersüchtig und machen sich Gedanken über die Zukunft. Sie sind halt junge Erwachsene. Das Dreigespann Harry Potter, Hermine Granger und Ron Weasley hält noch immer fest zusammen, doch deutlich wird, was die feineren Leser(innen) schon lange vermuteten, dass Ron und Hermine ein Paar abgeben und dass Rons jüngere Schwester Ginny arg verliebt in Harry ist.

Auch das intellektuelle Niveau ist gestiegen, und den Sechzehnjährigen werden anspruchsvolle Denkprobleme gestellt. Da ist die Frage, wie sich eine Prophezeiung, von der die Handlung abhängt, mit der Willensfreiheit, nach der der

Mensch seine Zukunft selbst gestaltet, verträgt. Die Frage wird in einem langen Gespräch zwischen Harry und Dumbledore aufgegriffen und spannend gelöst. (Antwort: Nur der Glaube an die Prophezeiung macht sie wirksam. Sie selbst hat keine Kraft.) Sicher werden viele Kinder über solche philosophische Nachdenklichkeiten hinweglesen, doch sie beweisen, wie viel Rowling auf den verschiedensten Ebenen zu bieten hat.

Wieder, wie im vorigen Band, spielt die Beschwörung der Vergangenheit eine entscheidende Rolle. Harry taucht wörtlich in Erinnerungen ein, wie in einen Brunnen, diesmal nicht in seine und seiner Eltern Vergangenheit, sondern in die anderer Menschen, und so ist es auch nicht sein Bewusstsein oder sein Unbewusstes, sondern das der Erwachsenen um ihn, das sich ihm erschließt. Er schöpft aus fremdem Gedankengut und lernt unter anderem Lord Voldemorts Herkunft und seine Entwicklung kennen. Diese Szenen sind schaurig unheimlich und zugleich kindlich märchenhaft, oft und dankbarerweise mit einer Prise Komik verbunden. So mischen sich die porträtierten Würdenträger, die an den Wänden hängen, aber aus ihren Rahmen treten können, mit unpassenden Bemerkungen in die tiefsinnigsten Gespräche über Tod und Leben. Absurdität geht eine einmalig unterhaltsame Verschmelzung mit Folklore und Mythologie ein.

Weiter geht's mit dem Kampf von Gut und Böse oder der weißen und der schwarzen Magie. Voldemort, der seit dem vierten Band neu Erstarkte, hat eine Art Privatarmee gebildet, die »Death Eaters«, Todesfresser, die hie und da eine gewisse Ähnlichkeit mit der SS aufweisen, meine ich. Aber noch mehr und eine sehr deutliche Ähnlichkeit weisen sie mit den heutigen Terroristen auf. Terror beherrscht jetzt das Leben.

Überall nehmen Gewaltverbrechen zu, für die Voldemort und seine Kommandos verantwortlich sind. Das ganze Land, also auch die Muggels, leben in ständiger Unruhe, Sicherheitsmaßnahmen wie nie zuvor sollen auch Hogwarts, die Zauberschule, beschützen, aber sie stellen sich (selbstredend) als durchlässig heraus. Dass der Zug, der die Schüler nach Hogwarts bringt, ausgerechnet von King's Cross abfährt, ist Zufall, denn das Buch war fertig, bevor dort die Bombe hochging, und gibt doch der Handlung eine eigentümliche Aktualität. Es ist wohl unvermeidlich, dass die Autorin eine Verfilmung vor Augen hat und dementsprechend beschreibt sie Höhlen und Seen und Licht in der Finsternis und jede Menge magischer und nicht so magischer Objekte, Schmuckstücke und kostbare Behälter, die man sucht, findet, verliert und die auf jeden Fall in filmischer Nahaufnahme zauberhaft glänzen werden. Gleichzeitig mit diesen Abenteuern geht das Schulleben weiter, der Unterricht findet statt, man spielt Quidditch, den Zauberlehrlingssport, man streitet und konkurriert und hilft einander. Pack schlägt sich, Pack verträgt sich wie in anderen Schulromanen.

Rowling wird von manchen Katholiken und evangelischen Fundamentalisten angegriffen. Ihre Bücher seien unvereinbar mit christlichen Werten, wird behauptet. Aber von mangelnder Moralität kann wirklich nicht die Rede sein. Da könnte man sich schon eher über mangelnde Hygiene beschweren, weil so viel Süßigkeiten verzehrt werden und kein Kind sich auf tausenden Seiten je vor dem Schlafengehen die Zähne putzt. Tatsächlich sind Tugenden wie Respekt vor Andersartigen, Aufklärung über Vorurteile, Weltoffenheit, Multikulturalität, Toleranz und Gleichwertigkeit der Völker und Geschlechter wesentliche Bestandteile dieser Bücher.

Ein Beispiel aus einer Nebenhandlung. Unsere Freunde – und wir mit ihnen – machen sich über eine junge französische Hexe namens Fleur, die mit einem älteren Bruder von Ron verlobt ist, lustig, weil sie sich so viel auf ihre Schönheit einbildet und ihr Englisch nicht perfekt ist. Gerade als wir meinen, dass sie ihren Verlobten aufgeben wird, weil ihm bei einem Zusammenstoß mit einem Werwolf das Gesicht entstellt worden ist, entpuppt sie sich als unverbrüchlich treu – und doch, zu unserer Belustigung, noch immer etepetete und aufgeblasen. Sie sei hübsch genug für beide, behauptet sie, und lässt noch ein paar abfällige Bemerkungen über die englische Cuisine fallen. Die Lektion gegen vorschnelles Urteil und ausländische Akzente ist so schmackhaft verpackt, dass man sie wie Schokolade und nicht wie Medizin schluckt.

Ach, und ich würde so gerne meine Theorie über das, was wirklich hinter den schrecklichen Ereignissen und dem offenen Ende der letzten Kapitel steckt, verbreiten. Aber das darf man ja nicht in einer Rezension. Außerdem kann ich mich irren. Jetzt gibt es traurigerweise nur noch einen weiteren Band, denn so ein englisches Internat hat sieben Klassen, und danach müssen die Zöglinge in die Welt hinaus, und wir müssen unsere Vergnügungssucht mit anderem Lesematerial stillen. Doch auf den einen dürfen wir uns noch freuen, wo sich alles, alles klären wird. Im nächsten Jahr, im übernächsten?

J. K. Rowling: Harry Potter and the Half-Blood Prince.
Scholastic Inc., New York 2005. 652 Seiten (auf Deutsch:
Harry Potter und der Halbblutprinz. Aus dem Englischen
von Klaus Fritz. Carlsen Verlag, Hamburg 2005. 655 Seiten)

Zwei Babuschkas

Hier wird ein Stück russische Geschichte des 20. Jahrhunderts durch das Leben von zwei intellektuellen Jüdinnen aufgefächert, wie sie es ihrer Enkelin, einer Russlandkorrespondentin für ein angesehenes amerikanisches Nachrichtenmagazin, in vielen Interviews erzählten. Die beiden Großmütter, seit Jahren eng miteinander befreundet, wuchsen in den dreißiger und vierziger Jahren auf, lebten durch Krieg und Diktatur, waren abwechselnd politisch engagiert und enttäuscht, verdienten ihren Unterhalt, auch wenn ihnen als Jüdinnen die besseren Stellen verweigert wurden, hatten Ehen, Kinder, Liebschaften, Berufe, weigerten sich, ihre Überzeugungen zu kompromittieren und kompromittierten sie dann doch, lasen viele Bücher, und unterstützten einander. Zwei volle Leben. Die Autorin emigrierte als Vierzehnjährige mit ihrer Familie nach Amerika, kam zehn Jahre später »auf Besuch« in die alte Heimat und entschloss sich schließlich, in Moskau zu bleiben, wo beide Großmütter sie mit offenen Armen empfingen. Das Buch – nicht ihr erstes – schrieb sie auf Englisch.

Familiengeschichte ist eng mit Weltgeschichte verflochten. Esther, die Großmutter väterlicherseits, stammt aus Polen, aus Bialystok, das im Zweiten Weltkrieg zwischen den Nationalitäten hin- und hergeworfen wurde. Nach einer kurzen, brutalen deutschen Besetzung zu Kriegsanfang ging die Stadt im Hitler-Stalin-Pakt zu den Sowjets über. Damals gelang es Esther, sich als Studentin in Moskau zu inskribieren. Später, als die Nazis wieder in ihrer Heimat wüteten, saß Esthers Vater, Masha Gessens Urgroßvater, im Judenrat des Ghetto

Bialystok. War er ein Kollaborateur oder ein aufrechter Mann, der sein bestes für die jüdische Bevölkerung tat oder tun wollte? Die Zeugnisse sind unklar, für die Autorin ist diese Frage, die Gewissensfrage, das Herz ihres Buches. Sie stellt sie auch für die Frauen. Beide widerstanden der Aufforderung, Spitzel zu werden, und beide mussten für diese Weigerung leiden.

Esthers Verlobter ist nicht von der Front zurückgekehrt, und da die Aussichten für die Zukunft denkbar schlecht sind, heiratet sie einen russischen Veteranen, der es ihr ermöglicht, in Russland zu bleiben. Eine lieblose Ehe, aus der es ihr erst nach vielen Jahren gelingt, auszubrechen, der sie aber den Sohn verdankt, der Masha Gessens Vater wird. Ihre Sprachkenntnisse helfen ihr schließlich, eine einigermaßen angemessene Arbeit zu finden.

Rusja, die andere Großmutter, ist gebürtige Russin. Nach kurzer Ehe mit einem geliebten Mann, der, wie Esthers Verlobter, im Krieg fiel, bleibt sie lange Zeit Witwe. Sie ist passionierte Philologin, und auch ihr verhelfen die Sprachkenntnisse zu einer Stelle. Doch Stalins Antisemitismus schlägt Wellen, schwappt über, flaut ab, kehrt zurück, wird tödlich. Rusja, die sich wie Esther geweigert hat, Informantin zu werden, findet eine Stelle als Zensorin. Das hat den Vorteil, dass sie verbotene Bücher, zum Beispiel Hemingways Romane, zu lesen bekommt. Ihr Vater verachtet ihren Beruf, sie selbst ist nicht glücklich darüber, auch wenn und gerade weil ihr die Arbeit öfters Spaß macht, aber sie muss leben und ein Kind versorgen.

Sie wird befördert zur Zensorin für ausländische Korrespondenten. Hier hakt die Journalistin Masha Gessen mit ihrer Sachkenntnis nach und erzählt die Geschichte von der

Seite der Amerikaner, die einen sturen, verbissenen und sehr männlichen Feind hinter ihren zusammengestrichenen und verunstalteten Berichten vermuteten. Stattdessen sitzt da eine zarte jüdische Intellektuelle, die fasziniert ist von dem, was sie zu lesen bekommt, aber eben ihre Arbeit verrichten muss. Einen der bekanntesten dieser Moskaukorrespondenten klärte die Autorin Jahre später über die Identität seiner Zensorin auf. Sie schlägt ihm vor, die Großmutter kennen zu lernen, wenn er einmal wieder nach Moskau reist. Darauf er, völlig überrascht: »Nachdem ich diesen Kerl vierzig Jahre lang gehasst habe, glaube ich kaum, dass ich einer süßen kleinen Frau gegenübertreten könnte. Grüßen Sie sie bitte und sagen Sie ihr, dass der Rest der Nachricht gestrichen ist.«

Große öffentliche Szenen wechseln geschickt mit ganz privaten Sorgen. Gessen dramatisiert die Geschichte ihrer Großmütter, macht die Gefahren und die Erwartungen deutlich durch Spannung und Dialog, verhakt sie auch wieder mit den heutigen Ansichten und kameradschaftlichen Streitereien der beiden alten Freundinnen.

Als eine Art Massenhysterie beschreibt Gessen die Trauer um Stalins Tod, 1953, die das ganze Land ergriff, obwohl unter den Trauernden die Angehörigen der Opfer waren. Die Juden allerdings atmeten erleichtert auf, weil die Bedrohung und Verfolgung stetig zugenommen hatte. Die kleine Tochter von Rusja, die spätere Mutter der Autorin, fällt in der Schule auf, weil sie keine Tränen um den toten Diktator weint. Esther, die hochschwanger ist, wird von der Menge, die vor Stalins Bahre Schlange steht, fast zertrampelt, was in der damaligen Aufregung mehrfach geschah. Seitenweise liest sich das Buch wie eine Szene aus einem Eisenstein-Film.

Masha Gessen schreibt über politische und militärische

Entwicklungen vom Standpunkt der weiblichen Bevölkerung. Großmütter sind Großmütter, weil sie Kinder und En-
kel, das heißt zusätzliche Verantwortung und Belastung haben und, wenn sie denkende Menschen sind, auch zusätzliche
Gewissensbisse. Frauen, besonders Mütter, können sich über
ihr Privatleben nicht hinwegsetzen, und diese Tatsache beeinflusst, verschachtelt und verfeinert dann auch wieder ihr
politisches Denken. Es ist das nicht geringe Verdienst von
»Esther und Rusja«, diese Perspektive anschaulich gestaltet
zu haben.

Masha Gessen: Esther und Rusja. Wie meine
Großmütter Hitlers Krieg und Stalins Frieden überlebten.
Aus dem Englischen von Klaus Binder und Bernd Leineweber.
Hanser Verlag, München 2005. 352 Seiten

Ein Großvater

In diesem ersten Roman einer Autorin, die mit ihrer Familie im Alter von zwölf Jahren aus der Sowjetunion nach Dresden umsiedelte, sind zwei Ebenen miteinander verwoben. Einerseits folgen wir einem Kind, das im Kalten Krieg während der siebziger und frühen achtziger Jahre in der Sowjetunion in einer deutschstämmigen Familie aufwächst, die sich nichts inniger wünscht als die Ausreise nach Deutschland. Man hört den verbotenen Sender, die Stimme Amerikas, am Radio und schimpft auf den Einsatz russischer Truppen in Afghanistan. Die Erzählerin sticht von den anderen Kindern in der Schule ab, weil sie rothaarig und sommersprossig ist und mit Nachnamen Schmidt heißt. Obwohl eine Verwandte in Westberlin am laufenden Band Einladungen schickt, wird die Ausreisegenehmigung wiederholt verweigert.

Alina und ihre Geschwister sind Schmähungen ausgesetzt, wie dem Ruf: »Faschisten«. Noch ärger ist die Herablassung den vermeintlichen Fremden gegenüber. Die Erzählerin wird von der Lehrerin für ihre »herausragenden Leistungen im Russischunterricht« gelobt, mit dem Zusatz, diese seien »umso bemerkenswerter, als Russisch nicht deine Muttersprache ist«. Die kleine Alina reagiert innerlich mit einem Gefühl unsäglicher Peinlichkeit: »Genauso gut hätte sie sagen können, ich solle mich vor der Klasse ausziehen.«

Dabei sind die Deutschkenntnisse in der Familie schwach, Alina kann kaum ein deutsches Kinderbuch lesen. Auch ist es kein »richtiges« Deutsch, wie der Großvater feststellt, als er im Krieg deutsche Soldaten sprechen hört. »Das Deutsch, das ich in der Dorfschule gelernt hatte, erinnerte mich an Konserven, die zu lange im Keller gestanden und einen seltsamen Geruch angenommen hatten.«

Alle anderen Kinder erzählen in der Schule die Erlebnisse der Großväter, der Veteranen des Zweiten Weltkriegs. Nur Alinas geliebten hinkenden Großvater, der doch auch im Krieg war, umgibt ein großes Schweigen. Eine alte Fotografie, ein altes Taschenmesser sind Spuren zu dem Geheimnis.

Und hier setzt die zweite Ebene ein, die Geschichte des Großvaters der Zwölfjährigen und seine Erlebnisse in den dreißiger und vierziger Jahren. Alina lässt nicht locker, bis er ihr alles erzählt hat, wonach bis jetzt keiner gefragt hat. Abwechselnd mit den alltäglichen Problemen in Schule und Familie eines präpubertären Mädchens, lesen wir von einem Dorf Deutschstämmiger in den dreißiger Jahren unterm Stalinterror, wo die Männer, einer nach dem anderen, als Volksfeinde festgenommen wurden und oft nicht wiederkamen. Die Angst, die im Dorf herrscht, geht in Hummels Beschreibung der Leserin unter die Haut. Greifbar werden die Mütter, die ihre Söhne zu verlieren fürchten und sie dann auch verlieren, ebenso wie die Menschen, die unter Druck ihre Nachbarn verraten oder ihnen Vergehen andichten, die sie nicht begangen haben.

Der Großvater verdankt seine unerwartete Freilassung vielleicht dem Hitler-Stalin-Pakt, als Stalin die Deutschen nicht brüskieren wollte. Als der Krieg dann ausbricht, werden die Sowjetdeutschen zur »Arbeitsarmee« eingezogen. Man kann sie nicht zum Kampf einsetzen, weil sie mit dem Feind sympathisieren. Im Chaos nach einem Bombenangriff, bei dem die Luftwaffe nicht, wie gehofft, Rücksicht auf ihre Landsleute genommen hatte, kommen Großvater und seine

Schwester Berta in ihr Dorf zurück, wo fast alle deportiert worden sind. Er ist bereit, sich der Wehrmacht als ortskundig zur Verfügung zu stellen, wird zum Bürgermeister ernannt und trägt eine deutsche Uniform. Hummel beschönigt das Problem nicht. Die Sowjetdeutschen sind zwischen den Fronten: Sie sind dem stalinistischen Terror in besonderem Maße ausgeliefert, auch wenn sie nichts Staatsfeindliches begangen haben, aber andererseits sind sie ja tatsächlich deutschlandfreundlich.

Jedoch nicht jeder und jede. Eine Kontrastfigur ist Groß vaters Schwester Berta, die sich weigert, für die deutsche Armee zu dolmetschen und dafür ins »Altreich« verschickt wird, »wo sie bis Kriegsende die Hemden eines SS-Offiziers zu bügeln hatte«. Ähnlich, in der Enkelgeneration, Alinas ältere Schwester, die sich um jeden Preis assimilieren will, erst durch ein Verhältnis mit einem verheirateten Kommissar, das aber nur zu Schwangerschaft und Abtreibung führt, später durch die Heirat mit einem ungeliebten Mann, der aber den Vorzug eines echt russischen Namens hat.

Beim Rückzug nach der Schlacht von Stalingrad gelingt es dem Großvater, auf einen Zug aufzuspringen, der nach Westen fährt und in Berlin endet. Dort taucht er unter und verlobt sich mit einer Deutschen. Diese verlorene Braut nimmt von Anfang an als Sehnsuchtsobjekt zusammen mit dem Berliner »Paradies« einen Platz in der Vorstellung der Enkelin ein. Doch nach Kriegsende überraschen die siegreichen Rotarmisten den Überläufer beim Fischen, er wird vor ein Militärtribunal gestellt und zu 25 Jahren Zwangsarbeit verurteilt. Daraus werden zwar nur elf Jahre, denn in der Zeit nach Stalins Tod hat sich manches geändert, aber wir sehen durch die Augen der Enkelin, was die nicht einzuholenden Jahre aus dem Mann gemacht haben, der sich sein Leben nicht ausgesucht hat, was sie ihm genommen haben und was sie ihm nicht nehmen konnten. Die Quelle seines Durchhaltevermögens? »Die Hoffnung hat mehr Leben als eine Katze, wusstest du das? Sie ist einfach nicht totzukriegen.«

Das alte Messer und das alte Foto sind der rote Faden zu Familiengeheimnissen, die von den wiederholten Entwurzelungen herrühren und die das Mädchen nach und nach, oft mit Entsetzen und Enttäuschung, aufdeckt. So ist es auch die Geschichte eines Reifeprozesses. Das Kind am Anfang des Buchs hat sich am Ende zu einer jungen Frau entwickelt und wandert mit ihrer Familie in die DDR aus. Die enge Beziehung zwischen den Generationen ist gebrochen. Alina wird den Großvater nicht wiedersehen.

Der Reiz dieses Buchs besteht in der Wechselwirkung der Szenen aus den verschiedenen Epochen im Leben eines sehr alten und eines sehr jungen Menschen, und dem Einblick in eine Minderheit, die in der Literatur kaum berücksichtigt wird. Den See in Berlin, der dem Großvater Paradies war, hat Alina im Epilog allerdings noch immer nicht gefunden.

Eleonora Hummel: Die Fische von Berlin.
Roman. Steidl, Göttingen 2005. 223 Seiten

Unsterbliche Kindheit

D er kleine Tom wird krebskrank, bevor er vier Jahre alt ist. Leukämie ist meistens tödlich. Was passiert in einer normalen, fortschrittlichen Familie, wenn ihr jüngstes Mitglied wahrscheinlich sterben wird? Eine Grenzsituation, die für die Eltern gesunder Kinder kaum vorstellbar ist. Aleid Truijens macht sie vorstellbar. Tom überlebt und gilt nach zwei Jahren intensiver modernster medizinischer Behandlung für geheilt. Zehn Jahre später schreibt seine Mutter, eine weithin angesehene holländische Journalistin, wie das damals war.

Todesangst hatte sie immer schon, schon als junge Frau. Der Tod »konnte mich erwischen, und das wusste er. Den Fuß hatte er längst in die Tür gesetzt. Ich musste ständig auf der Hut sein.« Das erste Kind, die Tochter Puck, brachte einen Aufschub dieser Phobie. Und dann, ganz unvermutet, bricht die wirkliche Todesgefahr in Gestalt einer Krankheit, an die die ängstliche Mutter nie gedacht hatte, über die Familie herein, und die Eltern werden Experten in Sachen Leukos, Thrombos, T-Zellen, Lymphozyten, Lymphoblasten: »Große bewegliche Blutkörperchen, die völlig durchgeknallt waren. Ungebetene Narren in einem kleinen Leib.«

Alle paar Wochen muss der kleine Tom zur Therapie in die »gruselige« Station F8 Nord der Universitätsklinik, wo Kinder liegen, denen ein Arm amputiert wird oder denen der Magen oder ein Teil des Kiefers fehlt. Am Eingang steht »Kinderonkologie« in fröhlichen bunten Holzbuchstaben, die Betreuung ist vorbildlich, an den Pflegerinnen und Ärzten kann man lernen, was »Engelsgeduld« bedeutet, aber das nützt alles nichts, wenn man eine Garantie, die es nicht gibt, für die Genesung des eigenen Kindes haben möchte.

F8 Nord beherbergt schwerkranke Kinder aus aller Welt, und das heißt auch, dass die Religionen der Welt vertreten sind. Auf einem Teppich ausgestreckt ruft eine Mutter Allah um Hilfe an, eine andere murmelt griechisch-orthodoxe Gebete, die christliche Dreifaltigkeit wird angefleht oder Weihrauch und indische Gesänge begleiten das frühe Sterben. Ein holländischer puritanischer Reformierter verhindert, dass sein Kind noch in der letzten Lebensphase fernsieht. Die Erzählerin sehnt sich zwar nach einem Gott, an den sie nicht glaubt, doch »der große Buchhalter tat, als schliefe er«. Sie und ihr Mann lesen Fachliteratur und jonglieren mit Zahlen, die Statistik der Überlebenschancen. Nur der kleine Patient selbst bleibt treuherzig glaubensstark. »Weißt du‹, fing er lässig an, ›manche Kinder sterben an Leukämie. Ich nicht.‹«

Puck, die siebenjährige Schwester, meint anfänglich, Toms Krankheit sei ihre Schuld, weil sie oft ausgeschimpft wurde, wenn sie den kleinen Bruder geärgert hatte. Später spielen Puck und ihre Freundinnen Doktor mit den weißen Plastikhandschuhen und dem grünen Kittel samt Mundschutz, den sie trug, als sie beim Besuch auf der Kinderonkologie mit dem Anblick von »todkranken Kindern in Rollstühlen, ohne Beine« konfrontiert war und sich die Hände mit »Stinkseife« waschen musste. Im Spielzimmer von F8 Nord spielte sie Memory mit einem Kind, das keine Haare hatte und ein Junge oder ein Mädchen sein konnte. Puck wird gezwungenermaßen zu Hause vernachlässigt und erleidet vielleicht bleibende psychische Schäden – oder auch nicht – dadurch, dass sie »die ewige Nummer zwei, strahlend gesund« ist. Als sie sich beim Sport in der Schule verletzt und den Arm in Gips hat, ist sie glücklich, weil auch sie endlich Patientin im Krankenhaus sein darf.

Toms Krankheit hat also einen Kontext, der über sein individuelles Leiden hinausreicht. Dem spürt die Autorin in kurzen, oft aphoristisch witzigen, oft todtraurigen Kapiteln nach. Bei ihr selbst stellen sich Essstörungen ein. Nicht etwa, dass sie aus Harm zum Skelett abmagert. Im Gegenteil, die Fresssucht überfällt sie, sie wird dick. »Ich fraß mich voll, bis ich förmlich platzte. Eine Höhle unter meinem Brustbein verlangte fortwährend gefüllt zu werden.« Mehr als je braucht man echte Freunde, solche, die praktische Hilfe anbieten, die etwa Puck für eine Nacht übernehmen, wenn die Eltern im Krankenhaus sind, oder den haarlosen, wie ein Michelinmännchen runden Tom mit anderen Kindern einladen. Doch: »Ein Vater oder eine Mutter, die mit einem vom [Medikament] Prednison aufgeblähten kahlen Kind herumläuft, ist der fleischgewordene Alptraum aller Eltern.« Da schauen die Leute lieber weg. Unausstehlich sind sentimentale Sprüche und unangebrachte Bewunderung, wie: »Ihr seid tapfer.« Die Antwort: »Wir sind geduldige Schafe. Der Leidensgenosse ist nicht tapfer. Tapfer ist, wer freiwillig in so einem Krankenhaus arbeitet.«

Auf die Liste der guten Freunde gehören auch die wenigen, die ins Krankenhaus kommen und an Toms Bett sitzen, denn »wer betritt freiwillig die Abteilung Kinderonkologie?« Gleichzeitig schämen sich die Eltern, solche Listen von falschen und echten Freunden, wenn auch nur im Kopf, aufzustellen, und überlegen gerechterweise, wie oft sie selbst versagt haben, wenn andere in Not waren und Trost gebraucht hätten. Maßlos viel Spielzeug kommt ins Haus, Geschenke, für die man sich unter den Umständen nicht einmal bedanken muss. Das ist reiner Gewinn, meint die Mutter ironisch. »Süßer, zuckersüßer Krankheitsgewinn.« Das gesellschaftliche Leben hat sich gründlich geändert.

Und die Welt da draußen? Kriege und andere Katastrophen sind unwichtig geworden. Ebenso Ehescheidungen von Freunden oder Begräbnisse. Das einzige, was zählt, ist, dass der Junge täglich seine Pillen bekommt. »Mein Weltbild war so begrenzt wie ein Wohnwagen.« Eine zerbrochene Spielzeugfigur des kranken Kindes bringt die Mutter zum Weinen, während die Sorgen und Klagen einer anderen Mutter auf dem Spielplatz sie kalt lassen.

Schon auf der ersten Seite gab es ein Stofftier, genannt Kalle, der unzertrennliche Gefährte des Dreijährigen, der auch im Krankenhaus immer dabei war. Am Ende hängt der Dreizehnjährige noch immer an dem verschlissenen, zerfusselten, abgewetzten, nicht umzubringenden Kalle. Für Tom ist ein Rückfall stets möglich, wenn auch unwahrscheinlich. Die Autorin endet ihr Buch mit den lakonischen Sätzen: »Tom, Puck und alle, die uns lieb sind. Wir sterben, allesamt. Nur Kalle, der ist unsterblich.«

Unsterbliche, allzu sterbliche Kindheit.

Aleid Truijens: Normal war gestern.
Aus dem Niederländischen von Andrea Kluitman.
Nagel & Kimche, Zürich 2005. 196 Seiten

Wer ist Jude?

Ein beliebtes Gesellschaftsspiel in jüdischen Kreisen ist der Streit um die Frage, wer und was denn ein Jude, besser noch, was Judentum, beziehungsweise Jüdischsein, denn sei? Die Gläubigen, und nicht nur die Orthodoxen, haben es leicht mit der Antwort. Die Agnostiker, besonders wenn sie ihre Zugehörigkeit nicht von den Feinden der Juden, also vom Antisemitismus her, definiert haben wollen, tun sich schwerer. Ist man Jude durch die Geburt, die Kultur, die Erziehung, die Biologie? Kann man Jude werden? Ja, aber nur durch den Glauben, durch Konversion. Kann man – die heikelste Frage – das Judentum abstreifen, wenn man als Jude, als Jüdin geboren ist? Durch Taufe, durch Heirat? Oder gar aus Überdruss? Ist das Judentum ein Klub, aus dem man austreten kann? Wenn nicht, dann ist es doch eine genetische Sache? Aber wären da nicht die blauäugigen Juden »weniger jüdisch« als die dunkleren, von den vielen rothaarigen ganz zu schweigen? Ein Spiel, das seine Reize hat, bei dem es aber keine Gewinner oder Verlierer gibt. Im Zeitalter des akuten Antisemitismus werden diese Unterscheidungen weitgehend hinfällig. Wer als Jude verfolgt wird, ist Jude, ob er will oder nicht.

Viola Roggenkamp, die Autorin des erfolgreichen deutsch-jüdischen Romans »Familienleben«, nimmt sich dieser Fragen anhand von Deutschlands berühmtester »Mischehe«, die der Familie Pringsheim-Mann, an; eine Familie, die bekanntlich schon viel biografische Aufmerksamkeit auf sich gezogen hat. Roggenkamp konzentriert sich auf einen Aspekt, den sie für vernachlässigt hält, und nimmt als Fokus, wenn auch nicht als ausschließliche Protagonistin, Erika, das älteste Kind der Manns. Laut Roggenkamp hat Erika Mann ihre jüdische Herkunft mütterlicherseits konsequent verleugnet, im Sinne, dass sie sich nie als Jüdin einstufte, und diese Verleugnung, so folgert sie, kam einer psychologischen Verdrängung im Freudschen Sinne gleich, die sich in Erikas Leben, Schreiben und Denken ungut, oder zumindest belastend, auswirkte.

Man kann dieses oder jenes Detail in dem zügig geschriebenen und polemisch angelegten Buch anzweifeln, doch die Autorin hat gewiss recht, wenn sie meint, es müsse doch stutzig machen, wenn eine Tochter aus prominenter und nur teils assimilierter Familie (Katia Manns Mutter war getauft, der alte Pringsheim war es nicht) während der großen Judenverfolgung, der sie in Deutschland zum Opfer gefallen wäre, sich nicht mit ihrem jüdischen Erbe auseinandersetzt, sondern konsequent so tut, als gäbe es das gar nicht. Erika Mann war umgeben von jüdischen Freunden, sowohl zu Hause wie in der Emigration, alle mehr oder minder assimiliert, aber sie zählte sich einfach nicht dazu. Sie leitete sich nur von der väterlichen, nicht von der mütterlichen Seite ab. So wurde diese hochbegabte Frau nach und nach Thomas Manns Tochter und weiter nichts. Die allzu enge Bindung an einen extrem ichbezogenen Vater verstellte ihr den Weg ins eigene Leben.

Sie wirkte konsequent und unermüdlich gegen die Nazis in ihrem Kabarett »Die Pfeffermühle« und als Journalistin und Vortragende, in Amerika auch oft in Zusammenarbeit mit jüdischen Organisationen, aber immer nur vom politisch-intellektuellen Standpunkt, nicht als eine von den deutschen Rassegesetzen Betroffene. Währenddessen wurde im Familienkreis die Homosexualität nie verdrängt, sondern ganz offen besprochen. Hier sieht Roggenkamp Zusammenhänge in dem Sinne, dass das eine Außenseitertum für das andere einstehen musste, und hier ist sie wohl am angreifbarsten, weil diese Zusammenhänge nicht sofort einleuchten. Und doch konstatiert auch der Thomas-Mann-Forscher Heinrich Detering in seinem neuen Buch »Juden, Frauen, Litteraten« über Manns frühe Erzählungen und Essays ein überraschendes Spannungs- beziehungsweise Verwandtschaftsverhältnis zwischen Judesein und Homosexualität, und bekräftigt dadurch indirekt Roggenkamps These.

Viola Roggenkamp überlegt sogar, dass Thomas Mann sich womöglich von den Nazis, die ihn eine Zeit lang umwarben, hätte überreden lassen, in Deutschland zu bleiben oder dahin zurückzukehren, wenn ihn eine solche Entscheidung nicht die Familie gekostet hätte. Wenn das stimme, meint sie, so verdanke er letzten Endes seinen Status als Deutschlands prominentester Exilautor eben diesem nichtarischen Element, das man gern unter den Teppich kehrte.

Es kommt hinzu, dass die politischen Exilanten sich als etwas Besseres sahen als die »nur« rassisch verfolgten Juden. Diese hatten noch nicht den Märtyrerstatus, den eine spätere Generation den Opfern des Holocaust verliehen hat. (Selbst das Wort »Holocaust« gibt es erst seit den siebziger Jahren.) Die Mann-Kinder hatten also etwas zu verlieren, wenn sie sich mit den jüdischen statt mit den politischen Emigranten identifizierten, denn letztere waren aus Gewissensgründen geflohen, die Juden waren willenlos in den Strudel geraten. Außerdem, wie die Autorin ganz richtig feststellt: »Amerika hätte seine boys nicht zur Rettung der Juden in den Krieg geschickt, wohl aber zur Verteidigung der Zivilisation.« Die Verleugnung, ja Abwehr des Jüdischen dürfte also ganz bewusste, nicht nur unbewusste Beweggründe gehabt haben.

Das Buch bezieht seine Brisanz aber auch aus dem weiteren Umfeld der Verdrängung jüdischen Schicksals in der Nachkriegszeit. Roggenkamp geht auf die heutige Diskussion ein, wer denn Opfer gewesen sei, und auf das Ressentiment gegen Juden vonseiten der nichtjüdischen Deutschen, die ihr eigenes Leiden von dem der Juden sozusagen vereinnahmt sehen. Das sind wirklichkeitsnahe Argumente, die den Horizont über die historischen und literaturhistorischen Fragen hinaus erweitern. Roggenkamp irritiert und provoziert. Doch kann man sich der Eindringlichkeit und der Aktualität dieser Irritationen schwer entziehen. Die Autorin hat mit ihren Überlegungen zum deutsch-jüdischen Verhältnis in der kulturellen Elite mit nicht geringem Mut in ein Wespennest gestochen.

Viola Roggenkamp: Erika Mann. Eine jüdische Tochter.
Über Erlesenes und Verleugnetes in der Familie
Mann-Pringsheim. Arche Verlag, Zürich 2005. 251 Seiten

Bluejeans unterm Tschador

In einem Privatseminar über englischsprachige Literatur versammelt sich eine kleine Gruppe iranischer Frauen jeden Donnerstag im Haus einer Professorin, die ihre Stelle an der Universität Teheran verloren hat, weil sie zu aufsässig für den orthodoxen Klerus war. Azar Nafisi, jetzt Professorin für Anglistik an einer angesehenen Universität in Amerika, erinnert sich an ihre Schülerinnen oder, besser, Mitleserinnen. Sie diskutierten Romane von Nabokov, F. Scott Fitzgerald, Henry James, Jane Austen. Diese Bücher konnte man nicht mehr auf dem offenen Markt in Teheran kaufen: Sie waren als unmoralisch oder subversiv abgestempelt worden. Man beschaffte sich die Texte also mit Schwierigkeit, aber es gelang.

Die Leserinnen kamen verhüllt und vermummt an. Die Jüngeren unter ihnen wussten gar nicht mehr, wie sich der Wind und die Sonne auf der Haut anfühlen, da sie ja nur im Haus bunte westliche Kleidung tragen durften. Doch die Konflikte und Probleme der Romanfiguren sickerten in ihr Leben ein, veränderten ihren geistigen Horizont und eröffneten ihnen neue Perspektiven, nicht nur in Bezug auf Literatur.

Was einigermaßen gemütlich, mit Tee und Süßigkeiten als Begleitung zur Diskussion von Nabokovs Roman »Lolita« anfängt, wird in den folgenden Kapiteln immer düsterer, wenn Azar Nafisi im Rückblick auf ihre öffentliche Karriere die Gewalttätigkeit eines fanatischen Regimes und dessen Einfluss auf den akademischen Unterricht schildert. Die Unterdrückung allen selbständigen Denkens, besonders bei den weiblichen Studierenden, die nie ein ermutigendes Wort über ihre geistigen Fähigkeiten gehört hatten, die Überwachung der Vorlesungen durch regimetreue Spitzel im Vorlesungssaal, die geteilte Fakultät – geteilt in Opposition, Mitläufer und aktive Mitmischer –, das alles wird ausgespielt gegen Inhalt und Bedeutungskraft der Romane. Die Romane erziehen zum Mitfühlen, zur Sympathie und sind daher unbrauchbar in einer Theokratie, die der Bevölkerung geistige Scheuklappen aufzwingt.

Die vergeblichen Kämpfe um Menschen- und Frauenrechte, die vom Schah eingeführt und von der Revolution rückgängig gemacht wurden, gegen willkürliche Festnahmen und Todesurteile, spielen sich vor dem Hintergrund von Büchern ab, die aus einem ganz anderen Milieu stammen. Nafisi inszenierte im Vorlesungssaal einen »Prozess« gegen Fitzgeralds Roman »Der große Gatsby«. Die Ankläger waren männliche Studenten, die behaupteten, westliche Wertvorstellungen korrumpierten die iranische Jugend, Ehebruch werde im Roman nicht geahndet und Reichtum werde wie ein Gott und an Stelle Gottes verehrt. Die meisten Studentinnen schwiegen verängstigt.

»Lolita lesen« ist ein Buch über Frauen, denn Männer kommen nur am Rande vor. Auch sie werden drangsalisiert, aber nicht in demselben Maße und auf dieselbe Weise wie die Frauen. Trotz der zunehmenden Beschwerden und Gefahren geht für die Teilnehmerinnen am Seminar das Leben weiter, mit Galgenhumor und kleinen Widerstandsgesten: Eine der Studentinnen, die sich verbotenerweise die Fingernägel mit Sorgfalt und Wonne lackiert, nimmt in Kauf, dafür die Hände immer in hässliche Handschuhe stecken zu müssen. Und das Leben geht weiter mit Freundschaften und Kaffeehausbesuchen (wo Frauen ohne männliche Begleitung allerdings nur im Hinterzimmer sitzen dürfen) und vor allem mit Bücherlesen. Eine junge Frau, die jahrelang im Gefängnis war, taucht wieder auf und weigert sich resolut, sich für ihre echten Leidens- und Horrorgeschichten bemitleiden zu lassen. Man spricht zwar über die eigenen Sorgen und Miseren, doch für die Interpretation des Leidens beugt man sich über die jeweiligen erfundenen Geschichten.

Zwar scheint Nafisi eine Kenntnis der von ihr vorgestellten Bücher vorauszusetzen, vor allem von »Lolita«, »Der große Gatsby«, »Daisy Miller«, »Washington Square« und »Stolz und Vorurteil«; aber auch ohne eine solche Kenntnis lässt sich das eigentlich Spannende an diesem Erinnerungsbuch, nämlich die Verstrickung von Lebens- und Leseerfahrung, nachvollziehen.

Und schließlich bricht der Krieg zwischen Iran und Irak aus, Teheran wird bombardiert, viele Einwohner flüchten, und dazwischen wird weiterhin die trostspendende große englische Literatur gelesen. Oder vielleicht ist es gar nicht Trost, sondern die Disziplin einer sinnvollen geistigen Betätigung, ein ordnungsschaffendes Element, das die unterdrückten Frauen zum Lesen hinzieht. Was haben sie davon, Literatur, noch dazu ausländische Romane, im fast unerträglichen Alltag zu konsumieren? Das ist aber gerade die Pointe: Dichtung ist relevant, auch wenn sie auf fremdem Boden gewachsen ist. Sie eröffnet eine vernünftigere, differenziertere Welt. Sie erweitert die Gedanken und Gefühle, fördert die Selbstfindung und humanisiert die entfremdete Heimat.

Am Ende sind wir wieder im relativ behüteten Heim der Ich-Autorin. Aber jetzt geht es um Abschied. Die Emigration der Familie Nafisi nach Amerika ist beschlossene Sache. Und doch nicht ganz einfach, eher ambivalent wie die Charaktere der Romanhelden und -heldinnen. Azar Nafisi verlässt ihr Geburtsland mit schlechtem Gewissen, als sei es Verrat, weil sie so viel zurücklässt, unter anderem ihre sieben Studentinnen, ihre »Mädchen« (»my girls«), wie sie sie mit kaum verhehltem Verantwortungsgefühl nennt. Allerdings werden einige dieser Studentinnen ebenfalls auswandern, auch sie unsicher, ob sie das Richtige tun.

Es ist unvermeidlich, dass dieses Buch bei manchen deutschen Leserinnen auf einen besonderen Nerv treffen und sowohl an die Kriegszeit wie an die Bedeutung von verbotener oder auch nur schwer erhältlicher Lektüre in der ehemaligen DDR erinnern wird. Nafisi endet mit einem optimistischen Epilog, in dem sie auf die Entwicklung fortschrittlicher Tendenzen im Iran hinweist. Doch auch dieser Epilog ist einige Jahre alt. Ob der Optimismus heute noch gerechtfertigt ist, steht dahin. Das Buch wird durch solche Überlegungen nur umso aktueller.

Azar Nafisi: Lolita lesen in Teheran.
Aus dem Amerikanischen von Maja Ueberle-Pfaff.
Deutsche Verlags-Anstalt, München 2005. 424 Seiten

Altweibergeschichten

Die Männer und Frauen, die die Kurve zum Wohlstand der Gegenwart durch die Miseren von Kriegs- und Nachkriegszeit geschafft haben, sind eine memoirenschreibende Generation geworden. Was sie erlebt und gelitten haben, ist uns in vielen Rückblicken verständnisheischend, nachdenklich oder voller Selbstmitleid, vorgelegt worden. Hier nun zwei solcher Frauenleben, geschrieben aus der kritischen Distanz der Tochtergeneration, verfremdet und kühl, nicht ohne Sympathie, doch ohne volle Zustimmung.

Angelika Overath, die bis jetzt als Essayistin hervorgetreten ist, wählt als Rahmen eine Krise, wie sie fast jeder erwachsene Mensch erlebt, nämlich den Tod der Mutter. Johanna, die Tochter, bringt die Habseligkeiten der eben Verstorbenen aus dem Krankenhaus in deren Wohnung, mit der Absicht, gleich selbst nach Hause zu gehen. Doch Geruch und Erinnerung, die Aura der Mutter, hält sie fest. Sie beginnt aufzuräumen, Wäsche zu waschen und vor allem nachzudenken, in einer langen Nacht, in der sie versucht, sowohl in den Zimmern als auch im eigenen Kopf, der noch ganz von der Toten beherrscht ist, Ordnung zu stiften. Die altmodische Waschmaschine, in allen Spülungen mit akribischem Detail beschrieben und immer wieder aufgesucht, begleitet wie ein hausfraulich-musikalischer Hintergrund das Erinnern. So wie die Wäsche eigentlich ohne triftigen Grund, aber beharrlich gewaschen wird, entsteht mit eigentümlicher und eigenständiger Besessenheit die Geschichte der Mutter und auch der pflegebedürftigen Großmutter, zweier vertriebener Frauen, die innerlich nie über ihr altes Zuhause hinwegkamen und dem Kind diese Last einer nicht ganz vorstellbaren Vergangenheit mitgaben. Das Jetzt und Hier war für sie nie völlig jetzt und hier. Die Mutter beim Frühstück: »Wenn sie morgens beim Milchkaffee die Zeitung aufschlug, dann von hinten. Erst las sie die Todesanzeigen, dann die Sonderangebote. Dann schlug sie das Blatt wieder zu.«

Overath setzt sich bewusst über stillschweigend akzeptierte Grenzen der Familienpietät hinweg. Sie kommentiert pathologische Züge der Mutter, zum Beispiel übertrieben häufige Friedhofsbesuche zum Grab des Vaters, sowie intime Körperlichkeiten, auch die des verfallenden Körpers der Großmutter, gewagter, als man es gewohnt ist. Manche Stellen werden manche Leserinnen schockieren: Hier leben Frauen zusammen, die einander im wortwörtlichen Sinne nicht riechen können. Wenn sich die Tochter am Morgen von der Totenwohnung löst, so setzt sie sich erleichtert und ganz konsequent anderen Gerüchen aus, um das Aroma der Stadt, die zu arbeiten anfängt, »den Duft von Brot und Benzin«, einzuatmen. Eine geistige Krise wird so mit überraschend sinnlichen Einzelheiten dargestellt und gemeistert.

Gabriele Kögl ist vor einigen Jahren mit dem Roman »Das Mensch« hervorgetreten, der eine Kindheit in einem steirischen Dorf, mit dem unnachahmlichen Zungenschlag dieser Gegend, erzählte. Die anonyme Icherzählerin des neuen Romans ist eine alte Bäuerin, die vielleicht in demselben Dorf wohnt. In ihrem Rückblick auf ein schweres Leben bringt sie Tragisches und Triviales durcheinander, wie wir es ja alle tun, nur sie besonders eklatant und besonders unbewusst. Sie ist neidisch und kleinlich, was zu wunderbar humorvollen Szenen führt. So bin ich nicht, denkt sich die Leserin, wenn die

Erzählerin bösartig missgünstig über ihre Schwiegertochter, die ausländischen Kindern Nachhilfeunterricht gibt, urteilt: »dann schiebt sie den Negern das Geld vorne und hinten hinein.« Doch dann kommen Sätze wie: »irgendwie ist man alt geworden, schneller, als man gedacht hat, und irgendwie hat man viel mitgemacht, aber nichts erlebt, und man denkt nach über die Möglichkeiten, die man versäumt hat«, und da denkt die Leserin: So bin ich doch.

Handelt es sich bei Overaths Mutter und Großmutter um Vertriebene, die innerlich heimatlos bleiben, so ist der Rahmen von Kögls Geschichte die Verwurzelung im Geburtsort einerseits und die Neugier oder Sehnsucht nach der großen Welt andererseits. Amerika ist der Gegenpol zum selbstgebauten Haus mit sorgsam gepflegtem Garten. Die Erzählerin ist nie weiter weg gekommen als bis Berchtesgaden und konnte sich nicht einmal zu einer Reise nach Lourdes aufraffen, die ihre Tochter ihr geschenkt hatte. Diese Tochter lebt in Wien, lässt sich selten sehen und ist eine Enttäuschung, weil sie den ansässigen Tierarzt nicht geheiratet hat, der ein Schwiegersohn gewesen wäre, mit dem man hätte protzen und angeben können. Andererseits ist da die Faszination für eine Cousine, die in Amerika verheiratet ist, ein abstoßendes und anziehendes Land, wo der Schwarzenegger und eben die Cousine Waltraud ihr Glück versuchen.

Das Buch liest sich streckenweise als unbewusste und erheiternde Selbstsatire der Erzählerin. Aber da gibt es auch den dunklen Hintergrund in Gestalt des Selbstmords eines Sohns, für den sie sich mitschuldig fühlt, weil sie ihn als ein uneheliches Kind nicht ins Haus der späteren Schwiegereltern bringen durfte. Für das verlorene Kind sind die beiden ehelichen Kinder kein Ersatz. So ist diese Mutter teils Opfer, teils Teilhaberin an der Borniertheit, Engherzigkeit und dem krankhaften Geiz, die im Dorf grassieren, wo Kinder frieren mussten, um Holz zu sparen. Die Mischung wird plausibel, dank des perfekten Stils und der unverwechselbaren Stimme der Erzählerin.

Zwei nachdenkliche Bücher über Menschen, die in die Bequemlichkeit des heutigen Lebensstils aus dem damaligen Elend irgendwie hineingeschlittert, aber von einer früheren Zeit geprägt sind. Das Verhältnis zu Ehepartnern oder Liebhabern, das doch in den von männlichen Schriftstellern erfundenen Frauen- und Familiengeschichten dominiert, tritt hier auffallend zurück hinter das Verhältnis zwischen Eltern und Kindern. Beide Bücher sind getragen von dem intelligenten, aufmerksamen Verstehenwollen der Autorinnen, über das Geschichts- und Generationsgefälle hinweg.

Angelika Overath: Nahe Tage. Roman in einer Nacht.
Wallstein Verlag, Göttingen 2005. 151 Seiten

Gabriele Kögl: Mutterseele. Roman.
Wallstein Verlag, Göttingen 2005. 155 Seiten

Ein Fingernagel im Apfelstrudel

Prag war einmal eine heimliche Hauptstadt der deutschen Literatur, die dort gleichzeitig mit der tschechischen gedeihen konnte. Als der hochbetagten Schriftstellerin Lenka Reinerová der Preis des Goethe-Instituts im Jahre 2003 in Weimar verliehen wurde, war eine Zeitenwende mit Händen greifbar: Hier war die letzte Tschechin, die auf Deutsch schreibt, mit aller Lebensbehauptung und allem Leid, das zum Ende dieser vergangenen Kultur führte, als deren Schutzpatron uns Heutigen Franz Kafka erscheint, sowie Reinerovás Freund und Exilgefährte, der »rasende Reporter« Egon Erwin Kisch.

Ihr »Bekenntnis« ist eine Liebeserklärung an eine Stadt, die ihr mit Moldau und Hradschin, mit ihren Sehenswürdigkeiten und Kaffeehäusern, auf allen Wanderungen und Zufluchtsorten gegenwärtig war und es noch immer ist, wo sie sich auch aufhalten mag. Da waren Jahre in Exilländern und Gefängnissen, die Reinerová in ihrer Vielfalt kennen gelernt hat, faschistische sowie sozialistische Strafanstalten. Sie hat darüber in anderen Büchern geschrieben, doch in diesem Fazit eines Lebens, anhand von Spaziergängen durch die geliebte Geburtsstadt, dürfen auch diese Verbannungsorte nicht fehlen.

»Närrisches Prag« ist ein Streifzug durch das gewesene und das jetzige Prag, das eine überlagert vom anderen. Wenn die Autorin sich zu lange in ihrer Wohnung aufhält, reizt es sie, auf die Straßen zu gehen und sicherzustellen, dass Prag noch »in Ordnung« ist. Sie erinnert sich mit leicht ironischer Wehmut an die Zeit, wo man auf der Straße saure Gurken aus offenen Fässern kaufen konnte: »man zahlte einen lächerlichen Preis und ging schmatzend und schlurfend mit dem sauer-süßen Leckerbissen weiter«. Heute dagegen sind überall feine Geschäfte, die Glas und Porzellan feilbieten. Alles viel zu kommerziell für ihre aus einer anderen Zeit stammenden Begriffe. Sie ist schockiert von den antisemitisch geprägten Gesichtszügen der Marionetten, die sich im alten jüdischen Viertel bei den Touristen besonderer Beliebtheit erfreuen. Das seien Rabbiner, belehrt sie der Verkäufer. Niemand außer ihr scheint sich der Geschmacklosigkeit dieser hässlichen Hampelmänner bewusst zu sein. (Ähnliches wird übrigens auch in Polen verkauft.) »Juden«, bemerkt sie lakonisch, seien »ein Modeartikel geworden«, und ist erleichtert, wenn ein kleines deutsches Mädchen einen grünen Wassermann den dunklen Puppen mit den schwarzen Hüten vorzieht.

Es ist also kein verklärtes Prag, das wir durch Reinerovás Augen kennen lernen, wohl aber ein bewohntes, geliebtes, verinnerlichtes. Ein geheimnisvolles Wesen begleitet sie von der ersten bis zur letzten Seite, ein unsichtbarer Geselle, der an drei Kaffeehaustischen gleichzeitig sitzt, den sie öfters um Rat bittet und dessen Bedeutung wir erst am Ende erfahren, obwohl sie uns beim Lesen nach und nach dämmert.

Erinnerung und Rückkehr sind die beiden Erzählebenen dieses »Bekenntnisses«: Die Freiheit des Spaziergängers, des Flaneurs, entsteht vor dem Hintergrund der düsteren Vergangenheit von Flucht und Gefangenschaft. Es ist schwer zu sagen, ob hier eine Versöhnung oder eine Abrechnung mit der Vergangenheit stattfindet. Verziehen wird nichts, aber bejaht wird manches. Rasch entworfene Skizzen von Städten entstehen. Reinerová kehrt zurück nach Marseille, dem letzten Zufluchtsort der Verfolgten, ehe sie Europa verließen, diesmal als geehrte Besucherin, ein höflich empfangener Gast, und bittet zum Erstaunen ihrer Gastgeber, den Bahnhof wiederzusehen, denn dort habe sie »Glück erlebt«. Das Glück war der Atemhauch von Freiheit nach zweijähriger Inhaftierung im besetzten Frankreich, vor der Ausreise nach Mexiko. Auch wenn die Autorin das von Sonne und Meer schimmernde Marseille oder die zerbombten Straßen Belgrads, wo sie nach dem Krieg mit ihrem Mann lebte, vor uns erstehen lässt, ist Prag immer mit dabei. Sie hätte gerne einen Pass, bekennt sie, auf dem keine Staatszugehörigkeit eingetragen wäre, »sondern schlicht und einfach ›Bürger von Prag‹. Das wäre für mich ein Feiertag, ist aber eben nur ein Traum, eine Seifenblase in hauchdünnen, schillernden Märchenfarben«.

Aber Prag ist leider ein Ort der gemischten Erinnerung und zweideutigen Rückkehr, und das nicht nur, weil einmal bei der sozialistischen Zollkontrolle ein »uniformiertes Fräulein von der Sicherheitsbehörde« einen karminroten Fingernagel in Reinerovás als Geschenk verpackten Apfelstrudel bohrte, was den empört mütterlich-bürgerlichen Aufschrei der Geschädigten veranlasste: »Pfui, so etwas tut man nicht!«

Wenn das alles wäre! Prag ist leider auch die Stadt, wo man sie, wie sie es bescheiden ausdrückt, »in den Jahren 1952–1953 unschuldig festhielt«. Ausführlich beschreibt sie eine spätere Besichtigung dieses immer noch funktionierenden Untersuchungsgefängnisses. Die Freunde rieten von dem therapeutischen Vorhaben ab, doch für die Zurückgekehrte war ein solches Wiedersehen unerlässlich, um die Haftzeit im eigenen Land zu bewältigen. Denn auch das war Prag. Und so ist denn ein Teil der Widersprüchlichkeit, die das Buch durchtränkt, die Erfahrung, wie schnell sich Geborgenheit und Vertrauen in ihr Gegenteil verwandeln können.

Denn das oft wiederholte Wort »närrisch« bedeutet, auf Prag angewendet, widersprüchlich, voller Überraschungen, enttäuschend, wenn auch die Liebe überwiegt. Es ist, als ob Reinerovás unverwechselbare, deutsch-tschechische Stimme, die alles Unglück des vergangenen Jahrhunderts miteinbezieht, dem mysteriösen Begleiter ihrer Wanderungen ihren erträumten Prager Reisepass auf seinen drei gleichzeitigen Kaffeehaustischen präsentierte. Statt einer Sammlung alter und neuer Zeitungen ist es das geschmähte und immer wieder auferstehende »alte Europa« mit seinen wunderbaren und wunderlichen Städten, in denen der Geisterhafte mit Freude und Kummer und stiller Hoffnung lange und nachdenklich blättern kann (natürlich über schwarzem Kaffee und Apfelstrudel).

Lenka Reinerová: Närrisches Prag. Ein Bekenntnis.
Aufbau-Verlag, Berlin 2005. 160 Seiten

Als die Dämme brachen

Im Februar 1953 erlebte das westliche Südholland die ärgste Sturmflut seiner Geschichte. Tausende Menschen und zehntausende Tiere ertranken, 200 000 Hektar Land mitsamt den darauf liegenden Dörfern verschwanden im Wasser. Der Sachschaden war unermesslich. Als Ausgleich und zur Verhinderung zukünftiger Katastrophen kam in den folgenden Jahren das Deltawerk zustande, das mit einem System modernster hydraulischer Techniken die früher ärmliche Insel in eine wohlhabende Agrarlandschaft und ein beliebtes Ferien- und Touristenland verwandelt hat.

Margriet de Moors Roman behandelt dieses Stück holländischer Geschichte am Beispiel zweier Amsterdamer Schwestern, Lidy und Armanda, die einander sehr ähnlich sehen, ein Aspekt, der in der Erzählung symbolisch wirksam wird. Lidy, die ältere, verheiratet und Mutter eines Kleinkinds, macht zur falschen Zeit einen Ausflug nach Schouwen Duiveland, weil sie Lust hat, »mal wieder Auto zu fahren«. Eigentlich hätte die Schwester hinfahren sollen, doch der Zufall, mit etwas Hilfe von Armanda, die ganz gern mit dem Schwager einmal allein sein möchte, will es anders. Überhaupt ist der Zufall in diesem Buch der Herr über Leben und Tod. Zum Beispiel: »Diese Insel war eine verlorene Insel. Sie sollte mit unbeschreiblicher Gewalt komplett untergehen, ohne dass die Außenwelt einen Finger rühren oder es auch nur bemerken würde. Der Zufall wollte es, dass der Pakt zwischen Mondposition und unaufhörlichem Wind ausgerechnet an einem Wochenende zustande kam.« Am Wochenende waren die verantwortlichen Behörden nämlich schwerer zu erreichen, was die Rettungsaktion verlangsamte und Leben kostete.

Von der ersten Seite an wissen wir, dass Lidy nicht zurückkommen wird. Sie geht in der Sturmflut unter, ihre Schwester Armanda übernimmt ihre Lebensaufgaben, heiratet schließlich Lidys Mann und wird die geliebte zweite Mutter ihrer eigenen Nichte. Die einzelnen Kapitel wechseln zwischen den beiden Schwestern, wobei die letzten zwei Tage von Lidys Leben im Zeitlupentempo durchgespielt werden, im Vergleich zu Armandas Leben, das sich über Jahre ausdehnt, aber immer den Rückblick auf die große alte Katastrophe bewahrt. Diese Erzähltechnik – alle Lidy-Kapitel spielen im Februar 1953, in den Armanda-Kapiteln fließen Jahrzehnte vorüber – reißt uns beim Lesen von einer Zeitebene in die andere und veranschaulicht sinnfällig die Wirkung der Vergangenheit auf die Gegenwart.

Auch der geographische Hintergrund wechselt entsprechend zwischen den beiden Teilen Hollands, dem sicheren und dem überschwemmten. Die Autorin beschreibt die Flut und ihre Auswirkungen akribisch genau, mit Details, die, ich muss es gestehen, mein technisches Vorstellungsvermögen stellenweise überschwemmten, was allerdings auch an der Übersetzung liegen mag, die gelegentlich schwerfällig und mit allzu verklausulierter Syntax daherkommt. Doch die Relevanz zu den vielen heutigen Naturkatastrophen liegt auf der Hand und ist fast unheimlich, besonders da ja auch heute, trotz allem Fortschritt, der Wille oder das Wissen fehlt, mit dem Unvorhergesehenen oder dem Halbvorhergesehenen umzugehen und das Ärgste zu verhindern. Man meint von New Orleans oder vom Tsunami zu lesen, aber nein, es geht um Schouwen und Duiveland. Haben nur die Holländer seither gelernt, wie man Stiefmutter Natur in Schach hält und Bedrohungen vorbeugen kann? Eindrucksvoll ist die Darstellung der damaligen schlafenden Inselbewohner, die die Gefahr, trotz aller Anzeichen, nicht wahrhaben wollen: »Überall schliefen hier Menschen im vollsten Vertrauen, obwohl sie wussten, obwohl sie als gegeben hinnahmen, dass dies ein Gebiet sehr alter und damit sehr tiefliegender Polder war. Je älter die Deiche, desto tiefer das Land. Rational oder irrational, im Laufe vieler Generationen war bei den Menschen dieser Region die unerschütterliche Überzeugung gewachsen, dass, wer hier lebte, in diesem triefend nassen, selbst angelegten Terrarium, hier selbstverständlich wohnte und auch nie mehr fortgehen würde.«

Die Suche nach Lidys verschollener Leiche führt die beiden Ebenen schließlich zusammen. Ein Haufen Knochen, der Lidy sein könnte – oder auch nicht –, wird der Familie im strahlend wiederaufgebauten ehemaligen Sturmflutgebiet zur Verfügung gestellt. Armanda und Lidys erwachsene Tochter bestaunen das Deltawerk. (»Da ist nichts, absolut nichts mehr wie vor der Sturmflut, sagte der Hydrodynamikexperte.«)

Am Ende des Romans sind wir in der Jetztzeit angekommen. Die am Leben gebliebene Schwester liegt im Altersheim im Sterben und führt ein phantastisches Gespräch mit dem Geist der Ertrunkenen. Die beiden Schwestern tauschen Gedanken über die Beschwerden des Alterns und über den Tod aus. Armanda ist sich noch einmal deutlich bewusst, dass sie im Grunde das Leben der Toten weitergeführt hat, dass sie nichts anderes als »die Schwester ihrer Schwester« gewesen ist. (»Viel zu viel von dir hat sich in mir angehäuft, Lidy. Deinetwegen konnte ich nie die sein, die ich war.«)

Lidy ihrerseits erzählt der anderen schöne Schauerge-
schichten vom Meeresgrund, von Fischen und dem mysteriös
fremden Element Wasser. Rational-wissenschaftliche Beobachtungen verschmelzen mit der menschlichen Innenwelt
auf eigentümliche und unverwechselbar originelle Weise.
Das uralte Thema der Vergänglichkeit ist der rote Faden im
Gewebe eines Stücks niederländischer Geschichte, so dass die
Hydraulik und die Superleistung des Deltawerks, auf die die
holländischen Ingenieure so stolz sind, mit dem Geheimnis
menschlicher Erinnerung zusammenfallen. In dieser Sym-
biose liegt der Reiz dieses sehr sorgfältig durchkomponierten
Romans.

Margriet de Moor: Sturmflut. Roman.
Aus dem Niederländischen von Helga von Beuningen.
Hanser Verlag, München 2006. 352 Seiten

Satan in der Schweiz

Es weiß nicht jeder – die Rezensentin wusste es zum Beispiel nicht –, dass noch im aufgeklärten 18. Jahrhundert in der Schweiz Hexenprozesse zwar ungewöhnlich, aber nicht unerhört waren. Margrit Schribers gruselig-schöner kurzer Roman fußt auf einem Prozess, der im Kanton Schwyz im Jahre 1753 stattfand. Das 73-jährige Opfer dieses gerichtlichen Unfugs starb im Kerker, bevor man es hinrichten konnte, an den Folgen der Folter, die im Roman zwar deutlich genannt, aber nicht sensationell ausgeschlachtet wird. Die Autorin stützt sich auf Archivmaterial und Überlieferungen, auch legendäre Anekdoten, und verarbeitet alles zu einem Anschauungsbericht über Habgier und Vorurteil. Anders als in »Hexenjagd«, dem berühmten Drama von Arthur Miller, fällt die Betonung auf den rechtlosen Status der Frau, selbst wenn sie tüchtig, wohlhabend und Mutter ist.

Anna Maria Schmidig war von Anfang an unbeliebt im Dorf, weil sie eine Zugewanderte war. Sie kam zwar nicht aus dem Ausland, war aber eben auch keine Einheimische, und sie ging mit einem verhältnismäßig reichen Witwer eine Ehe ein, was ihr, in Schribers Roman, den Neid der einheimischen heiratsfähigen Töchter einbrachte. (Man erinnere sich, dass die Fremde in Jeremias Gotthelfs klassischer Schweizer Novelle »Die schwarze Spinne«, die den Teufel ins Land bringt, von nicht weiter herkommt als von Lindau am Bodensee und trotzdem die unheimliche Fremde ist, die Böses verursacht.)

Die Schmidig war eine gute Geschäftsfrau, konnte rechnen und planen, öffnete einen Krämerladen und später ein Wirtshaus, mehrte durch ihren Unternehmergeist den Wohlstand im Dorf, hatte Kinder, die sie gewissenhaft großzog, und versorgte auch redlich die Stiefkinder aus ihres Mannes erster Ehe. Sie war glücklich und hatte Glück. Das alles wandelte sich, als ihr Ehemann unerwartet starb. Als Witwe wurde sie sofort verdächtig, und was immer im Dorf schiefging, ob durch Naturkatastrophen oder menschliches Versagen, wurde ihr in die Schuhe geschoben. Das Schlimmste war, dass sie, die sich nicht gerne dreinreden ließ, »bevogtet« wurde, das heißt, sich als alleinstehende Frau einem unfähigen und korrupten Vormund unterordnen musste, auch dann noch, als die Kinder erwachsen waren. Ein Vormund folgte auf den anderen und alle bereicherten sich an ihrem Gut, immer voll sittlich-christlicher Entrüstung, weil die Geschädigte nicht klein beigeben wollte. Einer der stärksten Aspekte des Buchs ist die ausführliche Beschreibung und Psychologisierung einer Frau, die wirtschaftlich nicht zugrunde gehen will, sich gegen männliche Ausbeutung wehrt, doch nicht dagegen ankommt, weil die Staatsgewalt dahinter steht. Am Anfang eine lebhafte junge Frau, die gut tanzte und gerne lachte (siehe den Titel des Romans), wird sie von einer missbilligenden Gemeinde zermürbt und ist zum Schluss, alt, zerlumpt und abgezehrt mit geschorenem Kopf, doch noch immer ein Mensch, der hartnäckig und trotz körperlicher Schmerzen und seelischem Druck die letzte Demütigung einer falschen Selbstbeschuldigung ablehnt.

Sie ist nicht die einzige, die leidet. Da sind die Töchter, die anfangs zur Mutter halten, obwohl ihre Ehemänner, also die Schwiegersöhne der Angeklagten, sich von ihnen wenden und sie misshandeln; doch schließlich sind die Töchter so eingeschüchtert, dass sie gegen die Mutter aussagen. Schriber behandelt diesen furchtbaren Zwiespalt sachlich und unpathetisch, daher umso eindrucksvoller. Die Peiniger, die ein Geständnis der »Hexe« erzwingen wollen, finden Zuflucht in der Selbstgerechtigkeit: »Sie wird gefoltert, in den Kerker gesperrt, wieder vorgeführt, befragt, gefoltert. Wenn ihre Schreie ermatten, stellt man ihr Fragen. Fleht sie an, um Gottes willen endlich die Wahrheit zu bekennen, damit man aufhören kann, sie zu quälen. Sie bringe so viel Unruhe, mache so viel Mühe und füge sich durch ihr Leugnen so viel Schmerzen bei.«

Das alles klingt so unerträglich, dass man sich fragt, warum es sich so gut liest. Erstens ist die Heldin eine nachvollziehbare Persönlichkeit, Inbegriff von resoluter Energie und einer sich mit den Jahren steigernden Lebensfreude, die erst durch die pseudo-moralische Bosheit ihrer Nachbarn gehemmt und schließlich zerstört wird. Unsere Anteilnahme an ihr bleibt größer als unser Entsetzen über ihre Verfolger. Dazu kommt das Ambiente der Erzählung. Gespickt mit Schweizer Ausdrücken, die dankenswerterweise ein Glossar im Anhang erhellt, verwurzelt in einem einmaligen regionalen Idiom und in einer unverwechselbaren Landschaft, wird diese traurige Geschichte durch ihre konkrete Bodenständigkeit erst richtig glaubwürdig und damit überregional.

Hexenprozesse faszinieren, teils weil sie einen Höhepunkt an menschlicher Unvernunft, teils weil sie einen Tiefpunkt an Frauenhass verkörpern. Zwar wurden gelegentlich auch Männer der Hexerei bezichtigt, und manche verheiratete Frauen fielen diesem Aberglauben zum Opfer, während andere Frauen an den Beschuldigungen teilhatten, wie auch in dieser Erzählung. Trotzdem waren es vor allem alleinstehende Frauen, die mit dem Satan poussierten, und Männer, die sich zu ihren Anklägern und Verfolgern aufwarfen. Der

Grundton aller Hexenbeschuldigungen ist der, dass eine Frau kein Recht zur Eigenständigkeit hat. Hat sie keinen Mann, dem sie von Nutzen ist und der sie kontrolliert, so steht sie notwendigerweise im Dienste des Bösen, denn zum Gehorsam und zum Dienen ist sie geschaffen.

Verhaltene Empörung und Sympathie sind die unterschwelligen Strömungen von Margrit Schribers nüchternem und klarem Stil. Die Leserin folgt ihr darin mit Zustimmung. Es entsteht ein Tableau, das bei allem Elend schön ist, wie alle gut geschriebenen tragischen Geschichten schön sind.

Margrit Schriber: Das Lachen der Hexe. Roman.
Nagel & Kimche, Zürich 2006. 143 Seiten

Mit Dolch im Gepäck

Karoline von Günderrode ist uns in den 200 Jahren seit ihrem Tod mehr durch zwei Schriftstellerinnen als durch ihr eigenes Werk bekannt geblieben. Die eine, ihre Zeitgenossin und Freundin, ist Bettine von Arnim, in deren Briefroman »Die Günderode« (die richtige Schreibart ist Günderrode) sie als Lichtgestalt und romantisches Menschenideal aufscheint. Die andere ist Christa Wolf, in deren Roman »Kein Ort. Nirgends.« die beiden Selbstmörder Heinrich von Kleist und Karoline von Günderrode in ihrem Zerwürfnis mit ihrer Zeit einander als verwandte Seelen erkennen. Christa Wolf hat auch eine Auswahl der Werke in dem Band »Der Schatten eines Traumes« herausgegeben und mit einem langen Essay versehen, der sowohl feministisch wie marxistisch geprägt ist.

Die vorliegende Biographie vertritt eine anregend feministische Sicht auf das Leben einer begabten Frau, zu einer Zeit, als Frauen ohne Männer es schwer hatten. Die Biographin nimmt sich kein Blatt vor den Mund. Zum Beispiel empört sie sich über Clemens Brentano, der Karoline den Hof machte, beziehungsweise ihr nachstellte: »Unglaublich, welche Frechheiten sich ein Mann bei einer allein lebenden, unverheirateten Frau erlauben durfte, die sich solcher Zudringlichkeit nicht erwehren konnte.«

Karoline von Günderrode (1780–1806) war das älteste Kind einer verarmten Familie und wurde von ihrer verwitweten Mutter schon als 18-jährige in ein evangelisches Stift für unverheiratete adlige Damen in Frankfurt gesteckt, als Ausnahmefall, denn sie war zu jung. Sie lebte also unter älteren

Frauen und war »versorgt«, doch die Biographin meint, wohl mit Recht, die Wärme und Zuwendung einer intakten Familie habe ihr lebenslänglich gefehlt. Mutter und Tochter blieben sich fremd. Doch hatte sie im Stift eine gewisse Unabhängigkeit. In Frankfurt verkehrte sie in Kreisen, die wir heute als intellektuell bezeichnen, vor allem in der Familie Brentano. Sie konnte reisen, was sich allerdings auf Besuche bei Verwandten und Bekannten beschränkte, und sie konnte lesen, schreiben und lernen, aber natürlich nicht studieren. Ihre Bildung war Privatangelegenheit und wurde nicht unbedingt gebilligt, nicht einmal von ihren literarisch beschlagenen Freunden. Einerseits beeindruckte ihr ungewöhnliches Wissen und ihr dichterisches Talent; andererseits musste sie sich anhören, dass sie für die Ehe »nicht geschaffen« sei, und wurde gleichzeitig belehrt, dass ein »männlicher Geist in einem Weibe« unnatürlich sei. Philosophie sei unpassend für Frauen, ebenso das dichterische Verarbeiten von Weltgeschichte, bekam sie, die begeistert Schelling und Schiller las, zu hören.

Diese Mischung von Bewunderung und Abwehr trieb sie in eine geistige Sackgasse. Hinzu kam, dass sie, wie jeder normale Mensch, sich nach einem Liebesleben sehnte und nicht recht einsah, warum geistige Betätigung unvereinbar mit Weiblichkeit sein sollte. Ihre erste große Liebe war Savigny, der spätere preußische Justizminister, der schließlich eine der Brentano-Schwestern heiratete, die, aus der Sicht der Biographin, besser im Zugreifen war als die Günderrode. »Karoline wiederum hatte aus Unsicherheit und Selbstzweifeln ihre große Liebe an eine andere Frau abgetreten«, schreibt Gersdorff.

Karoline kränkelte, hatte ein Augenleiden und war von

häufigen Kopf- und Brustschmerzen heimgesucht. Ob das psychosomatische Symptome waren, ist nicht feststellbar. An den Krankenbetten von Freunden und Verwandten – einschließlich ihrer Schwestern – musste sie zuschauen, wie junge Menschen starben. Der Tod war nicht nur Thema ihrer Dichtung, er umgab sie im Leben. Der Dolch, den sie auf allen Reisen bei sich hatte, war kein romantisches Spielzeug: Ein Chirurg hatte ihr gezeigt, wie man sich sachgerecht ersticht. »Der Besitz des Dolches war für Karoline das Unterpfand ihrer Freiheit.«

Ihre wichtigste Freundschaft war wohl die zu der mehrere Jahre jüngeren Bettine Brentano, die ihr praktisch zu Füßen lag. Gersdorffs Buch beschreibt diese Beziehung zweier geistig ehrgeiziger junger Frauen anschaulich und zitiert viel aus Bettines Günderode-Buch. Dabei wird Bettine als Gestalt lebendig: quecksilbrig, aufgeschlossen und großzügig. »Es war eine Beziehung, die der homoerotischen Komponente nicht entbehrte«, meint die Biographin.

Umso mehr trifft es beide Freundinnen, wenn Karolines zweite große Liebe, der Altertumsforscher Friedrich Creuzer, ihr die beste Freundin so vergällt, dass sie sich weigert, diese wiederzusehen. Gersdorff beschreibt anschaulich, wie Bettine bettelnd vor Karolines Türe steht und keinen Einlass findet, weil der Geliebte es mit gehässigen Worten verboten hat.

Auch über die anderen Männer um Karoline hat Gersdorff wenig Gutes zu sagen. Aber die größte Verachtung spart sie für Creuzer auf. Creuzer war Professor in Heidelberg, verheiratet mit einer dreizehn Jahre älteren Professorenwitwe, die Kinder in die Ehe brachte und ihn erotisch kalt ließ, wenn nicht geradezu abstieß. Er verliebte sich Hals über Kopf in die Günderrode – ihre Freunde nannten sie merkwürdigerweise alle beim Nachnamen, oft in der Verkleinerung »Günderrödchen« –, versprach, sich scheiden zu lassen, überlegte es sich anders, zog eine ménage à trois in Erwägung, wollte sie dann wieder nur als Geliebte in der Nähe haben und ließ sie schließlich schlicht sitzen, mit einem Abschiedsbrief, der ihr aus dritter Hand zugestellt wurde. Daraufhin machte Karoline einen Spaziergang an den Rhein und nahm sich im Alter von 26 Jahren mit einem wohlgezielten Dolchstoß das Leben.

Gersdorff lässt kein gutes Haar an Creuzer, und er hat es wohl tatsächlich nicht besser verdient: »Creuzer verstand es meisterhaft, mit seinen Fehlern zu kokettieren und gleichzeitig, Männlichkeit betonend, Macht zu demonstrieren und sich in der Attitüde des Herrschers zu gefallen.« Die Männer, die ihm von Karoline abrieten, hatten seine Finanzen und sein Wohlergehen, nicht das ihre, am Herzen. Sie faszinierte, war aber nicht ernst zu nehmen im Vergleich zu der akademischen Karriere eines ordentlichen (in jedem Sinne) Professors. Sie wurde »verlassen und betrogen«, so Gersdorff, und ihm war noch ein langes Leben beschert.

Sie hinterließ eine kleine Anzahl von sehr schönen Gedichten. Der Rest ihres Werks findet heute wenige Leser und ist auch für die Frauenliteratur schwer erschließbar. Ihre Gestalt und ihr Leben hingegen haben noch immer etwas »Zaubrisches«, um ein Kultwort ihrer Generation auf sie anzuwenden.

Dagmar von Gersdorff: Die Erde ist mir Heimat
nicht geworden. Das Leben der Karoline von Günderrode.
Insel Verlag, Frankfurt am Main 2006. 284 Seiten

Odysseus im Ersten Weltkrieg

Da kommt einer nach Hause, Jahre nachdem der lange Krieg vorbei ist, wagt's zunächst nicht, bei seiner Familie einzukehren, denn wer weiß, was sich da inzwischen abgespielt hat und ob seine Frau überhaupt noch seine Frau ist, geht abgerissen wie ein Bettler herum, er, der aus einer angesehenen Familie stammt und im Krieg Offizier war, rafft sich dann doch auf, klopft an, sein Hund erkennt ihn sofort, seine Frau hat auf ihn gewartet, obwohl es ihr an Freiern nicht mangelte, auch seinen Beruf darf er wieder ausüben, aber bevor er das alles haben kann, findet noch ein Blutbad statt.

Nein, die Stadt heißt nicht Ithaka, sondern Wien, und der Held heißt Balthasar Beck und nicht Odysseus oder Ulysses, und man schreibt das Jahr 1922, vier Jahre, nachdem »Österreich-Ungarn zerfiel wie ein schlecht gerollter Semmelknödel im Kochwasser«. Das erwähnte Blutbad besteht nicht aus Odysseus' Rache an den Freiern, sondern aus einer Reihe von besonders ausgepichten Mordfällen, die, wie sich am Ende herausstellt, lose Fäden aus dem Weltkrieg verbinden. Anders als bei einem gewöhnlichen Krimi, sind sie von weitgehender Bedeutung für das gedankliche Romangeflecht. Hier holt die Vergangenheit die Gegenwart ein, der Krieg streckt eine Kralle in den Frieden hinein.

Dieses Jahr ist schon ein anderer Odysseus-Roman erschienen, Bernhard Schlinks »Heimkehr«, der sich aus der Perspektive eines Spätergeborenen mit Heimkehrern aus dem Zweiten Weltkrieg befasst. Bei Schlink wird Homers Gedicht ausdrücklich erwähnt, sogar nacherzählt, während es bei Baláka im Hintergrund bleibt, als ein mögliches Orientierungs- oder Organisationsprinzip ihres Romans. Viele Episoden in »Eisflüstern« sind dennoch erkennbar von Homer inspiriert. Zum Beispiel hat Odysseus' Besuch in der Unterwelt sein Gegenstück bei Balàka in einer eindrucksvollen Episode, wo der Held tagelang die Wiederkehr von Toten halluziniert, darunter solche, deren Tod er verursacht hat. Andere homerische Einfälle klingen nur motivartig an, wie der Aufenthalt bei Kalypso, hier eine russische Bäuerin. Die Versuchungen einer Wiener Bäckerei haben etwas von der Rauschgefahr des Lotusgenusses bei Homer. Auch hat die Wiener Polizei einiges gemeinsam mit der griechischen Götterwelt, allerdings mehr mit deren Intrigen und Eifersüchteleien als mit ihrer Allmacht. Denn Balthasar Beck ist selbst Polizei-Inspektor. Er nimmt teil an der Aufdeckung von drei Fällen, in denen es auf geheimnisvolle Weise scheinbar um ihn selbst geht. Gleichzeitig wird er seine Erinnerungen an die unerhörte Zerstörungswut von Kampf und Kriegsgefangenschaft und seine eigene Mitschuld als österreichischer Soldat, der schließlich in der russischen Armee diente, nicht abschütteln.

Besonders lassen sich Gedanken über Treue und Verrat nicht abschütteln, eine durchgehende Thematik von »Eisflüstern«. Dabei geht es nur nebenbei um eheliche Treue und viel zentraler um das Dilemma von Menschen in Grenzsituationen, die ihre Kameraden verlassen oder sie verraten, um sich oder andere zu retten. Darf ein Schwimmer einen Nichtschwimmer, den er nicht mitziehen kann, ertränken, um allein das Ufer zu erreichen? Darf ein Offizier zehn Kameraden an den Feind ausliefern, um siebzig zu retten?

Die Autorin, besser bekannt in Österreich als in Deutschland, hat Gedichte und sowohl erzählende wie essayistische Prosa verfasst. »Eisflüstern« ist ihr erster umfangreicher Roman, für den sie jahrelang recherchiert hat. Das hat sich gelohnt, denn das Bild des verarmten, von Inflation und Arbeitslosigkeit geplagten, zum reichsdeutschen National-sozialismus hinüberschielenden und dem Antisemitismus immer mehr verfallenden Wien ist glaubhaft in allen Details. Das Happy End des Friedens war, wie wir und die Autorin wissen, nur eine hungrige, unzufriedene, schon halb fanatisierte Zwischenzeit bis zum nächsten Krieg. Das fröhliche Weihnachtsfest, mit dem das Buch endet, ist nur möglich dank einer Lüge, die einem Kind, nämlich Becks kleiner Tochter, aufgetischt wird.

Balàka sucht die Ursachen für die mörderische Grausamkeit des 20. Jahrhunderts im Familienleben, wo die Kinder in allen Schichten, auch in den gehobenen, geschlagen und gequält wurden. Einer von Becks Kollegen ist lebenslang körperlich behindert, weil er und sein Bruder sich als Kinder fürchteten, bei einem selbstverschuldeten Unfall die Erwachsenen zu Hilfe zu rufen. Der Vater verkörperte Strafe, nicht Zuflucht. Beck, selbst das Opfer einer solchen Erziehung, befreit sich davon, indem er die Unbefangenheit und das Zutrauen zu Erwachsenen bei seinem eigenen Kind fördert. Aber das kostet Selbstbefragung und Überwindung, Beck wird als Ausnahme dargestellt, während die meisten Heimkehrer ihren Kindern Furcht einjagen. Da ist ein Augenblick, wo Beck von seiner Tochter geweckt wird und beinahe mit aller Wucht auf sie einschlägt: »In der Luft zitterten die gerade noch abgebremste Faust und das Gesicht des keuchenden Mannes, er lag auf den Knien, er kniete über ihr, seine Augenlider zuckten, in seinen Augen brannten Dörfer und Gehöfte, er erkannte Aimée nicht, aber er hielt inne, weil er wusste, er würde sie bald erkennen«. Darin und in Szenen über eine

Ehe, die sich nach der langen Trennung zögerlich wieder ein-
renkt, liegt alles, was das Buch an Hoffnung zu bieten hat.
Und vielleicht ist das nicht einmal so wenig.

Bettina Balàka hat einmal geschrieben, Aufgabe der Kunst
sei es, »aus Chaos und Verwirrung einen Faden zu ziehen, ihn
zu verhäkeln zu einem Gewebe«. Als Leserin fand ich einige
lose Fäden, die ich nicht verhäkeln konnte, doch im Ganzen
gelingt es der Autorin, die symbolischen und realistischen
Strähnen aus der verworrenen Zeitgeschichte zu einem sinnvollen Bild zu verarbeiten, das im herbstlich trüben Wien von
1922 die Verbindung zum Vorher ertastet und zum Nachher
erahnen lässt.

Bettina Balàka: Eisflüstern. Roman.
Droschl Verlag, Graz 2006. 387 Seiten

Mensch, Ding, Traum

Herta Müllers Collagengedichte erweisen sich ebenso ergiebig für die Leserin wie frustrierend für die Rezensentin. Sie zu zitieren genügt nicht, verfälscht sie sogar. Man muss sie in ihrer Dreiteiligkeit vor sich haben: unscheinbare kleine Bilder, ausgeschnittene gedruckte Wörter oder Wortfetzen in verschiedenen Farben und Schriftgraden und schließlich der spielerische, poetische Kern. Es sieht auf den ersten Blick nach unverbindlicher Willkür aus (siehe etwa den erheiternden Titel des Bandes), und doch ist das traditionelle Gedicht immer mit dabei.

Man kann diese Verse abtippen oder abschreiben und sie wie manierliche und rhythmisch einwandfreie Gedichtzeilen behandeln, da sie so gut von der Zunge rollen und im altmodischsten Sinne melodisch und inhaltlich poetisch sind. Zum Beispiel: »mir drehte sich im Kopf ein Karussell / die Sitze festgebunden an den Haaren / ich kaufte Karten um im Kreis zu fahren […]«, oder: »Einmal ging ich unterwegs verloren / Einmal kam ich an wo ich nicht war.« Damit hat man aber die visuelle Hälfte weggelassen, wie sie sich nur dem erstaunten, amüsierten und suchenden Auge erschließt. Diese Besprechung sollte also durch einen Besuch in einer Buchhandlung, wo man vor dem Kauf ein bisschen blättern darf, ergänzt werden.

Die Collage verfremdet durch ihr uneinheitliches Bild derart, dass man die einzelnen Wörter neu auffassen, anfassen muss. Ein »Schleichengel« lässt das ihm eingebaute Wort »Leichen« aufleuchten. Die Unregelmäßigkeiten in Dicke und Größe der Buchstaben zwingen zum langsameren Lesen.

Titellos und unnummeriert, widersteht der Text der Versuchung, jede Seite auch als neues Gedicht aufzunehmen, und lädt doch mit jedem neuen Ansatz dazu ein. Es ist die Faszination eines Mosaiks, vielleicht auch eines Kaleidoskops. Ein Eindruck von Einzelstücken entsteht, die sich im Kopfe drehen, wie im oben zitierten Karussell. Die Welt als Ganzes, in der diese Einzelstücke ihr Wesen treiben, ist nicht die objektiv gefestigte Welt, sondern eine Anhäufung von Wahrnehmungen, von subjektiver Perzeption, die auf jeder Seite durch ein neues Bild, oder eine flüchtige Reihe von Bildern, erweitert wird. Das Ding an sich ist abgeschafft. Herta Müller hat einmal von »der Wahrnehmung, die sich wuchernd erfindet«, gesprochen. Und sie hat diese Form in einem früheren, ähnlichen Band (»Im Haarknoten wohnt eine Dame«, Reinbek 2000) ausprobiert. Der war aber noch traditioneller, hielt sich an Vers- und Zeileneinheiten, sogar an Strophen, und war inhaltlich nicht so reich an Stimmungen und Stimmungswechseln.

Vieles ist einfach Wortspiel und Sprachspaß in einem liebevoll ausgestatteten Buch, das statt der üblichen schwarzweißen Bleiwüste wie ein Kinderbuch bunt und illustriert schillert. Die Texte fließen über mit Reimen, allesamt notgedrungen Binnenreime, da die üblichen Verszeilen ja nicht eingehalten werden. Man sollte sie unbedingt laut lesen, um ihre verhaltene Disziplin richtig zu würdigen.

Die Autorin erfindet Gestalten, wie den Pelzprobierer und den Verandaschreiner, den Löffelbieger, den Vagabundenhund und den Versöhnungsingenieur. Sie erstaunt mit Metaphern wie »so wehleidig wie am Gaumen die Gänsehaut«. Vieles ist einfach witzig, zeugt von sprudelnder Phantasie, wie das Gedicht vom Kahlen, der sich scheren lässt, und das vom Parallelogramm als Schuheinlage. Kindlich muten auch die häufigen Auftritte von Tieren – Vögel, Schlangen, Fliegen und vor allem Hunde – an, und die vielen Mondgedichte erinnern an romantische Ekstase, allerdings nur andeutungsweise und ohne eine solche zu vermitteln.

Und dann merken wir, dass die Bilder mit voller Absicht doch nicht immer passen und dass die durch die Collagetechnik verfremdeten Wörter auch Unheimliches ausstrahlen. Wir erinnern uns, dass die Dichterin Herta Müller Prosawerke verfasst hat, deren eigentlichstes Thema die Angst, die Gefahr ist. Die lauert auch im Gedicht: »einmal rasselte die Angst wie sie nicht soll wie die Streichholzschachtel in der Manteltasche«; »im Kopf steckt eine Angst wie eine Fliederquaste«, wobei die Neuschöpfung »Fliederquaste« anschaulich aus verschiedenen Drucktypen zusammengesetzt ist. Auf der letzten Seite ist vom »Alphabet der Angst« die Rede, was vielleicht ein Licht auf die ganze vorhergehende Sammlung wirft. Mit unbarmherzig neugierigen Kinderaugen gesehen, stoßen wir auf einen Kriegsveteranen mit Arm aus Wachstuch und Sand und glitzerndem Haken dran, zum Fischen geeignet; oder wir lesen: »von sieben sind die besten acht im Krieg geblieben«. Ein Mann namens Heinrich füllt sich die Tasche mit Steinen und geht ins Wasser. »Die Zuckergasse ist aus purem Salz«. Die Sonne ist wie ein geschälter Pfirsich. Der Vater hat als Kragen ein Messer um. Nachdem ein Nachthuhn, das vielleicht von Christian Morgenstern abstammt, gerade erst Mutters »Hochzeitsbildfrisur« getragen hat, besucht die Tochter ihren Vater unvermutet im Gefängnis. Das alles in einem freundlich dahinträllernden Takt. Mit der sprichwörtlichen Tücke des Objekts purzeln die leblosen Dinge übereinander, werden menschenähnlicher. Eine Mütze

kann »adoptiert«, aber auch totgeschlagen werden. Drei Stra-
ßen schlafen »staubig auf dem Rücken«. – Bäume haben ein
Familienleben: Zwei Pappeln heiraten, und »einer wächst ein
Kind«. Die Menschen hingegen werden von den Dingen und
Pflanzen heimgesucht. Da fahren dem Ich die Züge durch
den Bauch, die Wolke tickt durch den Kopf, Klee wächst am
Kinn.

Man muss sich willig auf die Übergänge von den Menschen zu den Dingen und auf die wirbelnde Welt dieser
Phantasien einlassen. Wer einen Abend lang diese unnach-
ahmliche Mischung aus kindlicher Heiterkeit und unter-
schwelligem Grauen auf sich wirken lässt, dem wird ein
neues, wenn auch vielleicht abgründigeres, Verständnis für
Hofmannsthals bekannten Vers aufgehen: »Und drei sind
eins: ein Mensch, ein Ding, ein Traum.«

Herta Müller: Die blassen Herren mit den Mokkatassen.
Hanser Verlag, München 2005. Etwa 100 nicht nummerierte Seiten

Jüdin sein und deutsch schreiben

Barbara Honigmann ist gläubige Jüdin; »kosher lite« beschreibt sie sich ein wenig, aber nicht sehr, ironisch. Sie liest und lernt die heiligen Bücher der Juden, Tora und Talmud und deren Ausleger, auf Hebräisch, in einer Studiengruppe von Frauen in Strassburg, wo sie seit ihrer Auswanderung aus der DDR lebt. Darüber und den Einfluss dieses Studiums auf ihr eigenes Werk schreibt sie hier ausführlich. »Die Sphären des Religiösen und des Künstlerischen liegen sehr nahe beieinander«, sagt sie unbefangen und bezieht sich ohne den geringsten Hochmut auf den Schöpfungsakt. Der jüdische Anteil am Werk dieser in einem sozialistischen Umfeld aufgewachsenen, säkularen Schriftstellerin verleiht den vorliegenden Aufsätzen einen eigentümlichen Reiz.

Dabei weiß sie sehr wohl, dass die verschiedenen Komponenten ihres Denkens nicht nahtlos zusammenpassen: »Wer sich der doppelten Bindung verschreibt, bleibt immer ein Grenzgänger, und ich bin es oft leid, mich auf beiden Seiten der Grenze einem fassungslosen Unverständnis ausgesetzt zu sehen, mich immer von neuem jeweils als Künstlerin und gleichzeitig als halbwegs praktizierende Jüdin erklären zu müssen, mit Begründungen, die allesamt inkohärent sind, weil ein Widerspruch ein Widerspruch ist und auch bleibt.« Dieses Zitat stammt merkwürdigerweise aus einer Dankesrede für den Kleist-Preis, in dessen Leben und Schaffen sie eine verwandte Brüchigkeit, »das Schiefe, das Ungraziöse, das Unmögliche, das Unstimmige« erkennt. Keine Rede von einer Abgrenzung gegen eine nicht-jüdische Außenwelt, sondern im Gegenteil, manche Erinnerungen an glückliche Zusammenarbeiten am Theater in Berlin, wo sie Dramaturgin war, auch an Kleist-Aufführungen, und ein genaues Lesen seiner Texte, bei denen sie gezielt literarische Problemstellungen herausschält.

Das »Unstimmige« ist also nicht mit dem Judentum und dem Deutschtum erschöpft. Sie schreibt über Montaigne, den Beamten, der die Welt aufgibt, um sich selbst zu erforschen, und gerade dadurch die Welt wieder miteinbezieht; und über Stendhal, den napoleonischen Offizier, der seine oft hochpolitischen Erlebnisse »fiktionalisiert«, denn »alle Verwandlung der Wirklichkeit in Schreiben [ist] Fiktion«.

Die Essays und Vorträge im vorliegenden Band, einschließlich der drei Zürcher Poetikvorlesungen, umkreisen das Thema schriftstellerischer Selbstdarstellung. Und da Honigmann auch »vorliterarische Formen«, wie sie sie nennt, nämlich Briefe und Tagebücher, miteinbezieht, gelingen ihr überraschende Zusammenstellungen disparater Autoren und besonders Autorinnen. Ein Trio bilden die Kaufmannsfrau Glückel von Hameln aus dem 17. Jahrhundert, die in deutschem Jiddisch (oder Jüdischdeutschem) ihre täglichen Beschäftigungen für ihre Kinder aufzeichnete und mit der die deutsch-jüdische Literatur anfängt; dann Rahel Varnhagen und ihr Briefwerk und schließlich Anne Frank und ihr Tagebuch, das, obwohl auf Holländisch verfasst, doch von einem deutschen Kind stammt, das auch im Amsterdamer Versteck und bis ans Lebensende Deutsch sprach. Die Sicht der drei so verschiedenen Frauen aus drei Jahrhunderten eröffnet eine intime jüdisch-weibliche Perspektive auf ein Deutschland, in dem sie weder Fremdkörper waren noch einheimisch werden konnten.

Als eine vierte jüdische Frau, eine, die prominent war oder

es hätte sein sollen, wählt Honigmann die doppelgesichtige Gestalt der Anna O., Siegmund Freuds und Breuers ersten psychoanalytischen Fall. Anna O., mit bürgerlichem Namen Bertha Pappenheim, passt schon deshalb zu den Vorhergehenden, weil sie Entdeckerin und erste Übersetzerin der Glückel von Hameln war. Sie hatte eine lange Karriere als Sozialarbeiterin und Frauenrechtlerin, auch als Schriftstellerin, und blieb dabei immer eine fromme Jüdin, war gläubig und stand mit beiden Füßen in der Welt. Über diese berühmte Patientin Freuds, die man vor allem als Patientin kennt und nicht als die resolut selbständige Frau, die sie war, hätte Honigmann, wie sie gesteht, gerne einen Roman geschrieben. Doch es gelang nicht, obwohl sie sich gut in dieses andere Leben hineindenken konnte, das ihr einerseits »liegt« und ihr andererseits fremd ist. Hier ist eine Art Fluchtpunkt für ihre Ausführungen, worüber man schreiben kann und warum man überhaupt schreibt. Ihr Interesse an Pappenheim ist ein Beispiel für den Sog der Wirklichkeit, der gelebten Biographie, denn Honigmann, deren eigenes Werk ja weitgehend biographisch ist, wehrt sich gegen ein einfaches biographistisches Interesse, das Herumstöbern in der Lebensgeschichte des Autors, »da es ja nicht auf den biographischen Stoff ankommt, sondern auf die Begegnung mit der authentischen und unverwechselbaren Stimme, die zum Leser spricht, woher immer sie ihren Stoff nimmt«. Während sie das »Herumstöbern« ablehnt, ist sie selbst fasziniert von Lebensgeschichten wie die der Bertha Pappenheim, alias Anno O. – Das sind keine zufälligen, sondern klar durchdachte Zwiespältigkeiten und Beiträge zum Thema.

Barbara Honigmann schreibt nicht nur, sie malt auch. Dank dieser beneidenswerten Doppelbegabung hat sie viel

Gescheites über den Unterschied zwischen Malen und Schreiben zu sagen, das den Lesern die Augen öffnen kann über die eigene ästhetische Erfahrung. Wenn man genau hinsieht, spielen die bildenden Künste und das Visuelle im Allgemeinen in ihren Texten eine herausragende Rolle, man lese nur ihre faszinierende Diskussion über den sogenannten Dornenauszieher in Kleists »Marionettentheater«.

Diese Sammlung diverser und doch innerlich zusammenhängender Essays gewährt einen Einblick in eine schriftstellerische Werkstatt von hoher Eigenwilligkeit und Selbstbestimmung.

Barbara Honigmann: Das Gesicht wiederfinden.
Über Schreiben, Schriftsteller und Judentum.
Hanser Verlag, München 2006. 165 Seiten

Was ist Heimat?

Der Roman »In der Hitze des Tages«, oft als das Meisterwerk der anglo-irischen Autorin Elizabeth Bowen eingeschätzt, entstand nur ein paar Jahre nach Ende des Zweiten Weltkriegs, als der scharfe Geruch des Kriegs noch in der Luft lag und man sich ohne einen großen Sprung nach hinten in die Atmosphäre einer von Bomben bedrohten Stadt hineindenken konnte. Das Buch erscheint jetzt zum ersten Mal auf Deutsch.

Schauplatz ist das London von 1942 und 1944 mit ein paar Abstechern aufs Land und ins neutrale Irland, wo die Fenster nicht zum Schutz gegen Fliegerangriffe verdunkelt werden mussten. Die Handlung ist eine Spionagegeschichte, aber nicht so, als hätte Le Carré, sondern eher, als hätte sie Henry James oder der späte Fontane geschrieben. Vor allem ist der Einfluss von Virginia Woolf greifbar. Das heißt, das Buch ist anspruchsvolle Lektüre. Um es zu genießen, muss man seine Freude an stilistischen Feinheiten und leisen sprachlichen Schwingungen haben. Die Übersetzerin hatte es nicht leicht, und wir haben umso mehr Grund, ihr für eine gut lesbare und genaue deutsche Fassung dankbar zu sein. Doch soll man auch den Unterhaltungswert nicht unterschätzen. Immerhin sind die indirekten Anspielungen und subtilen Understatements mit der Thematik von Landesverrat und einem handfesten Plot verbunden.

Eine Witwe um die vierzig, Stella Rodney, ist Mittelpunkt der Handlung, in der sie selbst eher ein passiver Magnet ist, der die Sehnsüchte anderer anzieht. Zwei Spione, ihr Liebhaber Robert, der den Deutschen geheime Nachrichten zukommen lässt, und sein Gegenspieler und verzerrtes Spiegelbild Harrison, der ihm auf der Spur ist, suchen bei Stella nicht nur Liebe, sondern den Sinn des Lebens in einer teils schon zerstörten Welt.

Stella und Robert lernten sich während des Blitzkriegs 1942 in London kennen. Da kamen fremde Menschen zusammen, die plötzlich eine Gemeinde bildeten, und aus Gefahr und Zerstörung erwuchs ein Gefühl der Befreiung von den einengenden Konventionen der Vorkriegszeit. Trotz der Trauer um die Toten hatte die Gefahr etwas Belebendes, das sich allerdings bald verflüchtigte, so dass London 1944 einen viel deprimierenderen Eindruck vermittelt als zwei Jahre früher.

Robert hat allen Glauben an das Bestehende verloren, hat allerdings auch nichts übrig für die Gegenseite, also für die Nazis, die ihm »grotesk« vorkommen und für deren Sieg er trotzdem sein Leben aufs Spiel setzt. Sein Verrat basiert auf Entfremdung und der Hoffnung auf einen neuen Aufbruch, eine Art kollektiver Wiedergeburt. Von »stray souls«, »herumirrenden Seelen«, ist mehrmals die Rede, und Robert meint, er und seine Mitmenschen seien alle »erschöpfte Schatten, die sich wieder zum Kampf hinausschleppen«. Auch das Wort Verrat sei »nur ein Überbleibsel aus einer vergangenen Zeit. Begreifst du nicht, dass all diese Begriffe einer ungültigen Währung angehören?«, fragt er seine Geliebte. »Es gibt keine Länder mehr. Nur noch Namen. Welches Land haben wir beide außerhalb dieses Zimmers?« Doch Stellas eigene Erfahrung des Heimatgefühls widerspricht dem Nihilismus ihres todgeweihten Geliebten und vermittelt ein Gleichgewicht der Positionen. Vor allem die Liebesbeziehung, aber auch Natur und menschlich eingerichtete Behausung ist Stellas »habitat«, ein Wort das nicht den emotionalen Stellenwert von »home« oder gar »Heimat« besitzt (obwohl es letzten Endes darauf hinausläuft) und das die Übersetzerin feinfühlig mit dem nüchterneren »Zuhause« wiedergibt. »Robert war für Stella das, was das Erbe für Roderick werden sollte – ein Zuhause.«

Roderick, Stellas Sohn aus einer geschiedenen Ehe mit einem Veteranen des Ersten Weltkriegs, sucht Halt in einem alten, verwahrlosten irischen Haus, das er unvermutet von einem Cousin geerbt hat, wird aber vielleicht doch kein Hausherr werden, weil ihm als Soldat womöglich der Tod vor Kriegsende bevorsteht. Die Frau des verstorbenen Cousins sitzt mit ihrer Handarbeit in einem Irrenhaus, abgewendet vom Fenster, das den Blick auf eine trostlose Landschaft freigibt, und will auf keinen Fall zurück in den Flecken Irland, der für den jungen Roderick zukunftsträchtig ist. Durchgehend unterstreicht die Atmosphäre in Häusern und Zimmern das Problem der gefährdeten Heimat. In einigen hochkomischen Szenen ersteht die geistige Verödung und Dummheit in der Provinz, wo Roberts Familie endlos diskutiert, ob ihr unschönes Haus verkauft werden soll. Stellas Londoner Wohnung ist möbliert gemietet, so dass Stella an ihrem Wohnort eine Fremde ist. Und die »Heimat« ihrer Liebesbeziehung zu Robert hat, wie sich herausstellt, den doppelten Boden des Landesverrats.

Der Erzählton bewahrt einen kühlen Abstand zu Krieg und Kriegspropaganda. Undifferenzierter Patriotismus ist Louie, einer ungebildeten jungen Frau vorbehalten, die sich persönlich geschmeichelt fühlt, wenn die Boulevardpresse von der standhaften Zivilbevölkerung schwärmt. Louies Mann ist Soldat, ihre Eltern sind bei einem Bombenangriff umgekommen, sie wird schwanger, ohne zu wissen, von wem – und auch für sie ist Stella ein Magnet. Der Roman beginnt und endet mit dieser unscheinbaren Nebenfigur, die eine teils naive, teils verlogene Nachkriegswelt in Aussicht stellt.

Im selben Jahr wie »In der Hitze des Tages«, 1949, erschien auch George Orwells »1984«, ebenfalls ein Roman, der gespeist ist von Misstrauen und Enttäuschung gegenüber der hergebrachten Gesellschafts- und Regierungsformen in einem England, in dem das britische Kolonialreich auseinanderfiel.

Wo gehört man hin? Zugehörigkeit ist das eigentlichste Thema dieses Buchs. Es kann ein Land sein, ein Haus, eine Beziehung, letzten Endes Liebe. Bei aller Trübsal fesselt dieser Roman dank seiner glaubhaft sympathischen Figuren, denen man viel Glück und Sonnenschein wünschen möchte, obwohl so wenig davon vorhanden ist. Sie gehören einer Gesellschaft an, die nicht untergehen sollte, obwohl sie in der Krise steckt. Was bleibt, ist Stella, ein Stern, der keinem zum Leitstern wird. Oder doch?

Die Autorin überlässt das letzte Urteil ihren Lesern.

Elizabeth Bowen: In der Hitze des Tages. Roman.
Aus dem Englischen von Sigrid Ruschmeier.
Schöffling & Co, Frankfurt am Main 2006. 440 Seiten

Im Dschungel der Kulturen

Der Geist der Madame Chen« ist ein Reiseroman besonderer Art. Die Geschichte einer Gruppe amerikanischer Touristen wird nämlich vom Standpunkt eines Gespensts erzählt, jenes der Madame Chen des Titels, die eigentlich die Reiseführerin sein sollte, aber kurz vor der Abfahrt von San Francisco auf mysteriöse Weise ums Leben kam. (Die Todesumstände erfahren wir erst am Ende des Buches.) Doch Madame Chen lässt sich auch im Jenseits nicht davon abhalten, ihre Schützlinge zu begleiten und sich die Haare zu raufen über alle Fehler, die diese machen, und die vermeidbaren Unannehmlichkeiten, in die sie sich stürzen. Wie gerne möchte sie eingreifen, kann aber nur den Lesern vorjammern, was schiefgeht und anders sein sollte. So verbindet sie die Voreingenommenheit, die sich eine als Erzählerin fungierende Romanfigur leisten kann, mit der Allwissenheit des anonymen Erzählers, der in diesem Fall gar nicht objektiv ist, aber trotzdem immer recht hat. Die Stimme der Bibi Chen ist eine mütterliche Stimme, die sich in das Leben anderer einmischen und es zurechtrücken möchte, die Stimme von Amy Tans eigener Mutter, wie sie im Interview (wohl leicht ironisch) eingesteht, die aber als Gespenst ihren Willen nicht mehr durchsetzen kann. Daraus entsteht ein animierter sowie animierender und laufend amüsanter Kommentar zum globalen Kulturengemisch der modernen Welt.

Die Reise geht von Kalifornien nach China und von dort nach Burma. Die Reisenden sind, wie oft in Amy Tans Büchern, ein Kunterbunt gebildeter Amerikaner der verschiedensten ethnischen Herkunft. Da Madame Chen eine ausgezeichnete Orientalistin ist, vertritt sie nicht nur die Perspektive ihrer Freunde, der Touristen, sondern gleichzeitig die der Einheimischen. Dadurch werden wir Zeugen der verheerendsten, oft gefährlichen, oft humorvollen Missverständnisse, die dort erfolgen, wo man andere Zivilisationen mit den eigenen Maßstäben misst. Nicht umsonst lautet der Originaltitel des Romans: »Fische vorm Ertrinken retten«, das heißt: Gute Absichten, gepaart mit Unwissenheit, können das Gegenteil von dem verursachen, was man bezweckt. Die Rassen, Nationalitäten, Sitten, Religionen purzeln über- und durcheinander und stiften Verwirrung, die doch manchmal den Keim des Guten enthält.

In China, auf der Suche nach echter Volkskultur, verdirbt sich die Gruppe aufs Grässlichste den Magen, in Burma wird eine heilige Mulde als Pissoir missbraucht, und schließlich wird die Gruppe in eine Falle gelockt und de facto gekidnappt von einem verfolgten Stamm, der auf Hilfe hofft. Der Kern des Buchs liegt in diesem Aufenthalt in den Bergen, an einer Stelle, die »Ort ohne Namen« heißt, wo plötzlich die beiden radikal unterschiedlichen Gruppen, die Touristen und die ausgestoßenen Einheimischen, sich aufeinander einstellen müssen. Die Touristen wurden zunächst »eingeladen«, einen Tag in den Bergen zu verbringen, doch bald stellt sich heraus, dass die vermeintlichen Gäste Gefangene sind. Inzwischen wird in der Ebene verzweifelt nach ihnen gesucht. Doch von dem Moment an, wo unsere Reisegruppe in die Hände der Kidnapper fällt, teilen die Täter, die selber Opfer sind, unsere Sympathie mit den bisherigen Protagonisten. Der verfolgte Stamm hat in den Bergen auf die abenteuerlichste und einfallsreichste Weise überlebt, teils durch Diebstahl elektrischer und elektronischer Geräte oder Teile solcher Geräte, teils durch uralte tradierte Sitten und Gebräuche, aber immer in der Hoffnung auf einen Erlöser, der ihnen einmal prophezeit worden ist. Modernste Technik und primitive Heilkunde begegnen einander und vertragen sich. Der Grund für die Entführung basiert auf Religion und Aberglaube: Die Angehörigen des verfolgten Stamms glauben in einem der jüngsten Touristen, einem normalen kalifornischen Teenager, den verheißenen Erlöser gefunden zu haben. Doch die Art, wie sie ihr Leben führen und mit den Neuankömmlingen umgehen, verdankt eine ganze Menge dem Knowhow des Westens. Da sie ihren vermeintlichen Messias nicht ohne Begleitung haben können, nehmen sie gleich die ganze Reisegesellschaft in Kauf. Dieses Missverständnis führt natürlich zu absurden, teils hochkomischen Situationen.

Burma, oder Myanmar, wie es heute heißt, ist eine Diktatur und ein Land, wo Übles geschieht. Ein weitgehend humoristischer Roman vor einem solchen Hintergrund ist ein Wagnis, besonders wenn die Autorin die Missetaten der Regierung nicht verschleiert. Amy Tan gelingt diese Gratwanderung glänzend. Madame Chen, in China geboren und als Halbwüchsige vor einem gewalttätigen Regime geflüchtet, ist (oder wäre!) die ideale Vermittlerin. Und gewissermaßen ist das Buch eine Hommage an die Willenskraft und den Überlebenswillen der Verdammten dieser Erde, der sich paradoxerweise gerade im illegalen und unmoralischen Akt der Entführung offenbart. Unsere vorgefassten Meinungen werden in Atem gehalten, denn wir haben es mit zwei Menschengruppen zu tun, den privilegierten, aufgeklärten Amerikanern, mit denen wir uns leicht identifizieren können und den keineswegs naiven, aber aufs furchtbarste ausgegrenzten Einheimischen, die immer in Gefahr sind, ausgerottet zu werden. Aus dem gegenseitigen Miteinander entsteht eine kurzfristige neue Gemeinsamkeit, die allerdings auch reichlich ambivalent, aber immerhin menschlich erfassbar ist und dem Leser entgegenkommt. Dahinter und darüber und überall mit dabei, die Stimme der Madame Chen, der Mutter, die mitmischen möchte, aber leider nur noch zu unserem besseren Verständnis beitragen kann.

Amy Tan ist eine der erfolgreichsten amerikanischen Schriftstellerinnen, nicht nur überaus beliebt, sondern auch hochgeschätzt; ihre Bücher sind häufig auf den Bestsellerlisten, werden in Schulklassen empfohlen und in Lesezirkeln eifrig diskutiert. Sie sind auf einer mittleren literarischen Ebene angesiedelt und reizen zum Nachdenken, besonders zum Umdenken, ohne ihren Unterhaltungswert im Geringsten zu opfern.

Amy Tan: Der Geist der Madame Chen.
Roman. Aus dem Englischen von Elke Link.
Goldmann Verlag, München 2006. 540 Seiten

Die zehnte Muse

Angelica Kauffmann (1741–1804) war zu ihrer Zeit nicht nur berühmt, sondern auch kommerziell wohl die erfolgreichste der europäischen Porträtmaler. Gefeiert in Italien und London, wo sie, obwohl Frau, in die Royal Academy aufgenommen wurde, verkehrte sie mit dem Adel und den Koryphäen Europas und Amerikas und zählte zu ihren deutschen Bewunderern Goethe, Winckelmann, Herder, die sie selbstverständlich auch malte. Sie arbeitete unermüdlich, praktisch von Kindheit an bis zu ihrem Tod. Neben den Porträts entstanden unzählige Szenen aus der Mythologie und idealisierte Allegorien. Schon im 19. Jahrhundert flaute ihr Ruhm ab, heute wird sie wieder durch Bücher und Ausstellungen geehrt, teils mit neuen Ansätzen, die von den Gender Studies herrühren.

Biographische Romane setzen sich leicht dem Vorwurf der Unglaubwürdigkeit oder der Anmaßung aus, wenn sie versuchen, in das Innenleben einer den Lesern schon bekannten Gestalt hineinzuschlüpfen oder gar es auszuschöpfen. Gabrielle Alioth löst dieses Problem elegant und geschickt, indem sie ihre Protagonistin in mehrfach gebrochener Perspektive zeigt. Nicht von innen, sondern von außen, von den verschiedensten Menschen beobachtet, lernen wir Kauffmann kennen.

Der Erzähler, selbst Maler mit einer ordentlichen Stelle am Hofe von Mainz, zu Beginn des 19. Jahrhunderts, wird anfangs von seinem Sohn befragt, wer das Mädchen sei, dessen Bild er in einer Mappe seines Vaters gefunden hat. »Ich weiß es nicht«, antwortet dieser schlicht, obwohl er sie einst sehr gut gekannt hat. Der Roman hat als Angelpunkt dieses Nicht-wissen oder Nichtkennen eines begabten und von vielen ge-liebten Menschen. Kauffmann lebt noch, aber sie selbst tritt nicht auf, das heißt, der Berichterstatter vermeidet es aus-drücklich, die alternde Malerin in Rom zu besuchen. Statt-dessen fragt er viele Leute nach ihren Erinnerungen an Ange-lica Kauffmann. Er spricht mit einem Dorfpfarrer, für den sie als junges Mädchen die Kirche ausgemalt hatte, einem Sänger und Komponisten, der die junge Angelica fast überredet hätte, die Musik der Malerei vorzuziehen und Opernsängerin zu werden, liest den Brief eines angesehenen amerikanischen Arztes, unterhält sich mit einem Schwager, der Angelica Kauffmanns erster Biograph war. So entsteht ein literarisches Porträt nach dem anderen, farbig und lebensnah. Zuerst ein eifriges junges Mädchen, dem Vater ergeben, dann eine gü-tige Frau, großzügig gegenüber ihren Schweizer und öster-reichischen Verwandten, gelegentlich verliebt, aufmerksam ihren Freunden gegenüber, aber vor allem besessen von der Malerei, »eine Krankheit, verzehrend, unheilbar«. Der Erzäh-ler ist bescheiden. Von seinem eigenen Werk sagt er: »Meine Bilder zeigten keine Helden, berichteten nicht von großen Taten, weckten weder Trauer noch Mitleid und wollten den Betrachter nichts anderes lehren, als das Gemalte anzu-schauen.« Seine eigentliche Beziehung zu Angelica erfahren wir erst am Ende des Buches, und sie soll hier nicht verraten werden.

»Der prüfende Blick« ist kein »spannender« Roman: Ehen und Liebesaffären werden zwar erwähnt oder angedeutet, aber sie sind sekundär und überwuchern nicht das, was den Namen Angelica Kauffmann noch heute am Leben erhält, nämlich ihre Kunst und ihre Karriere als Künstlerin zu einer

Zeit, als eine solche Karriere noch äußerst ungewöhnlich und fast einmalig war. Alioth, oder ihr Erzähler, ist einigermaßen ausführlich über die Herablassung und gelegentliche Ausgrenzung, die Kauffmann trotz aller Huldigungen ertragen musste. Frauen durften zum Beispiel »aus Schicklichkeit die menschliche Anatomie nicht studieren«, und der Beiname »die zehnte Muse«, den man ihr in England gab, ist ein zweischneidiges Kompliment für eine Künstlerin, die man neben ihre männlichen Kollegen und nicht unter Phantasiegestalten einreihen sollte. Selbst Goethe, so fasziniert er von ihr war, ließ ihre Kunst nicht wirklich gelten und mochte die allzu weichen Gesichtszüge, mit denen sie ihn darstellte, nicht besonders.

Die Vignetten der Nebenfiguren sind unterhaltsam, oft gespeist von der Abneigung des Erzählers. Goethe, den er abfällig den »Baron« nennt (der Titel, den sich der Dichter in Rom gab), ist ein charmanter Egoist, Herder, der »Bischof«, ist ausgesprochen unappetitlich, Füssli ist ein schillernder, polternder Zwerg, der allerdings den Geschmack eines neuen Zeitalters mit seinem bekannten Gemälde »Nachtmahr« (schlafende Frau mit Inkubus, Pferd im Fenster) vorwegnimmt. Doch in diesem Buch sind die Bilder, die Kauffmann, eine »Meisterin der Einfühlung«, gemalt hat, zumindest so wichtig wie die Menschen, denen sie und der Erzähler begegnen. Nur sehr vorsichtig entfernt sich der Roman vom Dokumentarischen in der Ausweitung der Gefühle und Verflechtung familiärer Beziehungen. Er bietet den Lesern zwar hie und da Überraschungen, aber sein eigentlicher Reiz besteht im Einblick in Praxis und Theorie, Kunst und Kultur des ausgehenden 18. Jahrhunderts, vorgestellt in einer leserfreundlichen und präzisen Sprache.

Ein Quellenverzeichnis belegt, wie sorgfältig die Autorin recherchiert hat. Sie behandelt Kauffmanns Kunst mit Respekt und Liebe, ohne darüber die kritische Distanz zu verlieren. Der Erzähler resümiert am Ende: »Zu Beginn dieses neuen Jahrhunderts mögen uns ihre Gemälde eng und allzu gefällig erscheinen ... Eines Tages wird man erkennen, dass ihre Meisterschaft darin bestand, das Wesen der Menschen ähnlich, doch vollkommener darzustellen.«

Ähnliches lässt sich über diesen Roman sagen. Im Ganzen wirft er ein freundliches, sanftes, »Kauffmannsches« Licht über seine Figuren und ihr Tun. Sogar ein überführter Heiratsschwindler, Angelicas erster Ehemann, kommt verhälnismäßig glimpflich davon. Nichts Böses geschieht, und die Menschen sind höchstens abwegig oder lächerlich. Die Welt glänzt, es lässt sich leben. Man wird das Werk der Angelica Kauffmann nach dieser Lektüre besser verstehen und höher einschätzen.

Gabrielle Alioth: Der prüfende Blick.
Roman über Angelica Kauffmann.
Nagel & Kimche, Zürich 2007. 235 Seiten

Geschichten aus Dublin

Maeve Brennan ist eine amerikanische Wiederentdeckung. In den fünfziger und sechziger Jahren war sie Mitarbeiterin der renommierten Zeitschrift *The New Yorker*, für die sie nicht nur Erzählungen, sondern auch und vor allem Essays, Berichte und Buchbesprechungen schrieb. Als sie 1993 starb, war sie in eine Vergessenheit geraten, aus der man sie zurecht im letzten Jahrzehnt wieder herausgeholt hat.

Sie stammte aus Irland, und obwohl sie ihr ganzes erwachsenes Leben in Amerika verbrachte, sind die meisten ihrer Erzählungen, wie auch der vorliegende Band, in ihrer ursprünglichen Heimat angesiedelt. Sie erschienen alle im *New Yorker* zwischen 1965 und 1973.

Der Schauplatz ist ein kleines Reihenhaus in einer engen Sackgasse in Dublin. Eine vierköpfige Familie, die Bagots, wohnt halbwegs bequem in vier Zimmern und einem kleinen Garten, der von der Mutter sorgfältig gepflegt wird. Das Leben ist geprägt von der Enge und Angst kleinbürgerlicher Verhältnisse, aber auch von Liebe und Sympathie, die dem Buch seinen eigentümlichen Glanz der Lebensbejahung verleihen. Wir erfahren die Gefühle und Gedanken jedes Familienmitglieds, doch die maßgebende Perspektive ist die der Mutter. Alles ist Perspektive, die Außenwelt ist Spiegel des Innenlebens.

Es sind die Menschen, von denen auch James Joyce in seiner frühen Geschichtensammlung »Dubliners« berichtet hat. Die Autorin hat offensichtlich von ihrem großen Vorgänger gelernt, wenn auch der weibliche Standpunkt diesem halb erfüllten und halb frustrierten Leben eine sanftere Färbung verleiht. Objektivität, psychologischer Realismus, und ein feiner, ausgewogener Stil, dem alle Sentimentalität, aber kein echtes Sentiment fremd ist, verknüpfen die aneinandergereihten, unabhängigen Erzählungen zur Alternative eines durchgehend konstruierten Romans. Am Ende wissen wir alles über diese Familie, und doch ist nicht viel passiert, außer dass das Leben vergangen ist.

Es ist ein Leben am Rande der Armut; jeder Einkauf und sogar in welchem Zimmer und wie oft geheizt werden soll, muss genau überlegt werden. Gerade deshalb sind alle Anzeichen bürgerlichen Wohlstands von Bedeutung. Jedes neue Möbelstück ist eine Kostbarkeit. Eine ganze Erzählung ist dem Ankauf und der Installation eines neuen Sofas gewidmet. Die Eheleute sind voneinander entfremdet, aber sie reden nicht darüber und gestehen es sich nicht ein. Der Bruch kam mit dem Tod des ersten Kindes, eines Jungen, der wenige Tage nach der Geburt starb, ein Verlust, der nie ausgesprochen und geheilt worden ist. Nun schläft der Vater in einer eigenen Kammer und sieht seine zwei kleinen Töchter kaum. Die Frau grämt sich, möchte mehr Gemeinsamkeit, der Mann fühlt sich um seine Eigenständigkeit betrogen. Doch er hat auch eine andere Seite. Am Weihnachtsabend denkt er: »Er hätte reisen können. Jetzt hatte er kaum noch die Chance, die Hauptstädte der Welt zu sehen. Er war sich nie sicher, ob Delia und die Kinder sein Anker oder seine Bürde waren, und in diesem Augenblick war es ihm einerlei. Selten hatte er sich so mit sich eins gefühlt wie jetzt.«

Der geblümte Teppich des Titels steht für die Beschränktheit, im Geschmack, in der Bildung und den Vermögensverhältnissen der Protagonisten. Gleichzeitig verkörpert er die unerfüllte Sehnsucht nach einem offeneren, reicheren und unbeschwerteren Dasein, sogar für die aufgeweckte kleine Lily, die, auf dem Teppich sitzend, Phantasiereisen unternimmt, während ihr gleichzeitig das Haus der Eltern völlige Sicherheit vermittelt. »… das Haus, das in die Luft fliegen konnte, aber niemals in die Luft fliegen würde. Niemals, niemals. Dieses Haus würde niemals in die Luft fliegen.« Die Kinder sind mit bestechendem Detail gezeichnet. »Margaret wehrte sich immer bis zur letzten Minute gegen den Schlaf, sie flüsterte gegen ihn an, flüsterte von ihren Ängsten und von ihren Sehnsüchten, als hoffte sie, der Schlaf möge sie erhören und verschonen, weil sie so interessante Dinge zu erzählen wusste.«

Auch Tiere und Pflanzen sind in Delias außergewöhnliche Mütterlichkeit miteinbezogen. »Der Garten vermisst sie«, wird ihr Mann nach ihrem Tod sagen. Ein Hund und zwei Katzen, die er nicht mag, die sie sich aber nicht nehmen lässt, sind ihr von der Straße zugelaufen. Wie die Kinder wollen sie geborgen und beschützt sein. Der Hund Bennie musste Mrs. Bagot berühren, »wann immer er Gelegenheit dazu hatte, er musste seine Schnauze in ihre Hand schmiegen, wenn sie in ihrem Sessel saß, und ihr ängstlich zur Haustür folgen und ängstlich mit dem Schwanz wedeln, solange sie mit irgend jemandem redete, dabei wollte er sich immer nur vergewissern, dass sie noch die gleiche war. Prüfung, Vergewisserung, Erkennen und Schweigen.« Dazu als komisches Gegenbild: »Rupert, der fette orangefarbene Kater, war so gutmütig, dass er fortwährend schnurrte, sogar als er sich einmal den Schwanz in der Küchentür eingeklemmt hatte.«

Die Ausnahme zu der umfassenden Menschenliebe und -bejahung ist die Zwillingsschwester des Vaters, die in der letzten Geschichte zu Wort kommt, nachdem ihr Bruder und ihre Schwägerin gestorben sind und die das Mobiliar, einschließlich des geblümten Teppichs, geerbt hat. Da erfahren wir aus missgünstigem Mund, wie der Hochzeitstag des jungen Paars verlaufen ist, wie skandalisiert die Familie des Bräutigams war, von der ursprünglichen und offen zur Schau getragenen Liebe der beiden zueinander, die den Leser überzeugt, obwohl und gerade weil eine Frau davon erzählt, die diese Liebe nicht gelten lassen will. Ein kurzfristiges Idyll leuchtet auf, von dem wir schon wissen, dass es als Zukunftsvision nicht bestehen kann. Und doch bestätigt gerade diese letzte, meisterhaft komponierte Geschichte die Güte der verstorbenen Eheleute und den Wert ihres oft von Enttäuschung heimgesuchten Lebens.

Ein menschenfreundliches Buch, das sich in aller Bescheidenheit und gleichsam ohne Aufhebens in die Tradition der großen irischen Erzählkunst einreiht.

Maeve Brennan: Der Teppich mit den großen pinkfarbenen Rosen. Erzählungen. Aus dem Englischen von Hans-Christian Oeser. Steidl Verlag, Göttingen 2007. 174 Seiten

Der letzte Potter

Zwar ist es das letzte Schuljahr, aber aus ist es mit der Schule. Wir schwänzen, wir spielen auch nicht mehr Quidditch, wir haben Wichtigeres zu tun, wollen wissen, was aus Gut und Böse wird, wie unsere Zukunft ausschaut, kurz, wie alles ausgeht.

Ich habe auch diesen Band, wie die anderen sechs, in einem Zug ausgelesen. Angefangen am Samstagnachmittag, irgendwann in der Nacht beiseitegelegt, am Morgen aufgewacht und »Accio Harry Potter« gerufen, worauf der dicke Wälzer sofort in meine Hände rutschte, wie ein guter Haus-Elf vorbereitet für Küche und Morgenkaffee. Sonst war eigentlich gar nichts los dieses Wochenende; gelegentlich kam eine E-Mail aus verschiedenen Ländern mit der Frage, wie weit ich denn sei, oder mit dem triumphierenden Aufschrei: »Habe ich nicht recht gehabt, als ich voraussagte …« Wie erzeugt die Autorin nur diese Sucht in ihren Fans? Hat die buchbesessene Hermine etwa einen ihrer Zaubersprüche aus komisch verdrehtem Elementarlatein so abgewandelt, dass der Schinken nicht weggelegt werden kann, bevor die letzte der 759 Seiten erreicht ist? Es ist schon bedenkenswert, wie an diesem Wochenende Millionen Leser in der ganzen Welt nicht Besseres zu tun hatten, als sich dieser Kinderlektüre zu widmen.

Dabei ist der Roman nicht der beste der Serie. Er hat wunderbare Passagen und ganze Kapitel, die das Erwachsenwerden in aller psychologischen Komplexität aufscheinen lassen, denn gerade die Kulisse von Magie erhellt das Innenleben dieser 17-jährigen, wie es eine realistische Geschichte kaum könnte, und die übernatürlichen Gefahren, denen sie ausgesetzt sind, lassen uns tiefer in die Ängste und Unsicherheit dieser Lebensphase blicken, als wenn sie es mit natürlichen und gewöhnlichen Anfechtungen zu tun hätten. Unsere drei Helden, Harry, Ron und Hermine, sind wochen-, ja monatelang miteinander auf der Flucht. Wie sie zusammenhalten und aneinandergeraten, sich auf die Nerven gehen und das Leben für einander einsetzen, wie sie frieren und was sie träumen, wo sie scheitern und was ihnen gelingt, wie sie sich langweilen und überstürzt handeln, ihr Zorn und ihr Mitleid – das alles könnte gar nicht so überzeugend sein ohne die Drachen und Riesen und Werwölfe, die Zentauren und die Tarnkappe, die unzähligen magischen Gegenstände (bei denen ich, anders als die aufmerksame Hermine, gelegentlich den Faden verlor), an denen sie sich bewähren müssen.

Mehr noch als in den vorhergehenden Bänden sind Treue und Verrat ein zentrales Thema, genau wie in den großen Epen der Weltliteratur. Das gilt nicht nur für die Freundschaft der drei, sondern auch für die politische Einsatzbereitschaft vieler anderer Figuren. Denn England ist in diesem Buch einer Diktatur unterworfen, die im Begriff ist, das Land fest in die Hand zu bekommen. Die Frage ist, ob unsere Freunde, allen voran natürlich Harry, die Heimat, die sowohl aus Muggels wie Magiern besteht, aus den Klauen der Ungerechten retten kann. Die Ungerechtigkeit manifestiert sich, wie auch früher schon, als die unmenschliche Behandlung aller Nonkonformisten und Andersartiger, hier aber besonders als Unterdrückung der verachteten Muggels. Rassismus und Diskriminierung von Minderheiten als ein Übel, das bekämpft und abgeschafft werden muss, war ein Thema aller Potter-Bücher. Aber in diesem letzten wird es so spezifisch angegangen, dass man nicht umhin kann, eine Nazi-Analogie zu entdecken. Da müssen sich zum Beispiel die »Mudbloods«, also die Zauberer, die aus Mischehen stammen, bei einem bestimmten Ministerium melden und registrieren. Sie sitzen in sehr kalten Vorzimmern in einer Depression, die nicht einfach ihren Umständen entspringt, sondern von außen, von eigens dazu erkorenen Gefangenenwärtern mit magischen Mitteln verbreitet wird. Auch diese kennen wir aus früheren Bänden, aber erst hier, in diesem fortgeschrittenen Band, kommen sie voll zur Geltung. Je mehr die Angeklagten von Zauberei verstehen, desto verdächtiger sind sie, denn nach der Logik des Vorurteils können sie ihre Kenntnisse ja nur gestohlen haben. Im weiteren Verlauf des Romans löst sich die spezifisch historische Anspielung wieder auf als das Problem aller Menschen, die sich irgendeiner Zugehörigkeit halber besser dünken als andere. Man kann den Potter-Büchern nicht genug dafür danken, wie sie dieses große Zerwürfnis unseres Zeitalters immer wieder aufgreifen, variieren und anprangern. In Band VII kommen eben auch die Sünden der Zauberer und Hexen, also der Leute, die wir mögen und mit denen wir uns identifizieren, zur Sprache, besonders ihre Überheblichkeit den Kobolden, Elfen und anderen magischen Wesen gegenüber. Dabei ist das Buch ja keine moralische Allegorie, sondern ein Abenteuerbuch, voller Spannung und unverwüstlichem Humor.

Zum Thema Verrat und Treue gibt's noch die Doppelbödigkeit mehrerer Figuren, von denen wir meinten, wie wüssten, was wir von ihnen zu halten haben, und plötzlich haben sie eine ganz andere Seite. Feinde werden Freunde, Bekehrungen zur guten Sache finden statt, mitten im Kampf kommt Rettung von unerwarteter Seite. Und auch die Besten sind nicht sündenfrei und haben Grund zur Reue. Wir müssen unsere Menschenkenntnis wiederholt korrigieren, was ja tatsächlich bei jungen Erwachsenen laufend der Fall ist. Harry Potters persönliche Aufgabe ist zu lernen, wie man frei wird, und keinem Fremden Gewalt über sich einzuräumen. Dazu muss er sich mit dem Tod auseinandersetzen, mit dem Dahinscheiden geliebter Menschen ebenso wie mit der Möglichkeit des eigenen Todes. Und hier meine ich, dass sich die Autorin vielleicht doch zu viel Bedeutungsschwere aufgeladen hat und sich übernimmt. Das Buch hat als Epigraph ein längeres Zitat von Aischylos über die unterirdischen Götter. Das passt nicht recht, besonders da im Epilog unseres Buchs die Hogwarts-Schüler der nächsten Generation auf ihren Zug warten, und ansonsten ein recht bürgerlicher Frieden herrscht. Der allerletzte Satz lautet: »All was well.« Das heißt, auch dieser Harry Potter ist, wenn auch kein richtiges Kinderbuch mehr, so doch ein Jugendbuch, also eine Gattung, die ihre Regeln hat. Rowling hat uns zwar gezeigt, dass sie fast alles in ihrem Hexenkessel unterbringen kann, aber alles eben doch nicht, jedenfalls nicht ohne die tragischen Elemente gründlicher zu verzaubern. Sonst kommt man leicht in Kitsches Nähe.

Aber was soll das Herumkritteln an einem Roman voll atemberaubender Szenen, und zwar eine nach der anderen? Sie alle gipfeln in der großen Schlacht von Hogwarts, wo sich Englands Schicksal zum Guten wendet, wenn es auch Opfer kostet. Rowling hat ihre Fans nicht enttäuscht. Sie hat alle losen Fäden zusammengeknüpft und Antwort auf alle offenen Fragen gegeben.

Allerdings außer einer Frage, nämlich wie sich dieses voluminöse Werk halten wird, jetzt, wo wir auf keinen weiteren

Band warten. Denn das Warten und das Herumrätseln war ja einer der Anziehungspunkte, die Spielerei mit dem noch nicht Gesagten und noch zu Erwartenden war es, was die Gespräche um Harry Potter spritzig und lustig machte. Und nun sitzt diese monumentale Geschichte im Regal, und wer mitreden will und sie noch nicht gelesen hat, wird von vorne anfangen müssen und sicher erschrecken, wie viel Zeit ihn/sie das Lesen kosten wird. Hält Harry Potter das aus? War er nur ein Modeartikel, den wir allerdings jahrelang sehr genossen haben, oder hat er das Zeug zu einem wirklichen Klassiker? Also doch noch eine Zukunftsfrage für dieses erstaunliche Werk.

J. K. Rowling: Harry Potter and the Deathly Hallows. Scholastic Inc., New York 2007. 759 Seiten. (auf Deutsch: Harry Potter und die Heiligtümer des Todes. Aus dem Englischen von Klaus Fritz. Carlsen Verlag, Hamburg 2007. 766 Seiten)

Die Straßen von Toronto

Kanada ist ein Land, das im öffentlichen Bewusstsein halb als Anhängsel der Vereinigten Staaten, halb als Überbleibsel der britischen Kolonialzeit rangiert. Von radikalen Kritikern Amerikas, wie Michael Moore, wird es als der vernünftigere Nachbar dargestellt, an dem man sich ein Beispiel nehmen sollte, und im englischen Literaturbetrieb wird seine schmale, aber erlesene Literatur mehr übersehen als gewürdigt.

Dionne Brand, eine der jüngeren kanadischen Schriftstellerinnen, führt uns in ein Kanada ein, das alles anderes ist als das Land der gesitteten Ordnung und der Langeweile. Ihr Toronto ist keine »Anglo«-Stadt, sondern ein multinationaler, multikultureller Lebensraum für Künstler wie für Verbrecher, die unter Umständen befreundet oder sogar verwandt miteinander sind. Darüber hinaus ist das Toronto dieses Romans mehr als nur Ort der Handlung, die Stadt ist eher selbst eine Protagonistin, denn das Leben der Figuren spielt sich mehr auf den Straßen, in den Kaffeehäusern und den Geschäften und öffentlichen Verkehrsmitteln als im Inneren der Häuser ab.

Vier junge Leute, Kinder von Einwanderern aus Vietnam und der Karibik, die sich von der Schule her kennen und jetzt recht unregelmäßig an der Universität studieren oder ihren Eltern einreden, sie studierten noch, vertrauen einander, streiten sich, lieben einander und versuchen die Stadt zu verstehen, zu beherrschen, sie in sich aufzunehmen, mit ihr fertig zu werden. Tuyen, eine lesbische Künstlerin, baut Installationen in ihrer schäbigen kleinen Wohnung und arbeitet an einer Riesencollage, in der sie das Innenleben der Stadtbewohner darstellt. Sie läuft durch Toronto, photographiert und fragt wahllos alle, die ihr irgendwo begegnen, Fremde wie Bekannte, wonach sie sich sehnen. Diese Wünsche will sie als Ganzes, als Installation, ausstellen. Das gibt dem Roman nicht nur seinen Titel, sondern bezeichnet wohl auch die Aufgabe, die sich die Autorin gestellt hat.

Die kanadische Gegenwart der vier Freunde ist schwer belastet von der Vergangenheit. Tuyen, schon in der Neuen Welt geboren, stammt aus einer Familie, die bei der illegalen Ausreise aus Vietnam im Gedränge einen kleinen Sohn verloren hat, der in einem Flüchtlingslager landete. Dieser Verlust ist das Trauma der Eltern, die in Toronto Fuß fassten und wohlhabend geworden sind und dafür mit Schlaflosigkeit und Reue zahlen. Die Suche nach dem verlorenen Sohn belastet auch ihre anderen Kinder und ist überdies das stärkste Spannungsmoment in dem Buch, denn vom Anfang bis zum Ende stellt sich die Frage: Wird Quy, der sich uns als Icherzähler einiger Kapitel vorstellt, in denen ihn Armut und Einsamkeit in der Dritten Welt langsam korrumpieren, gefunden oder nicht?

Jedem der Freunde macht das Einwanderertrauma der Eltern zu schaffen. Denn jede von den vier Familien hat Enttäuschungen erlitten, die nicht zu überwinden sind. Die Ambivalenz der unerfüllten Träume ist ebenso Thema wie die Enttäuschung, die mit den scheinbaren Erfolgen verbunden ist. Jackie, deren musik- und tanzliebende westindische Eltern ihr Leben verpufft haben, setzt sich von ihnen ab und wird Besitzerin eines Second-Hand-Kleiderladens. Anders als die schwarze Bevölkerung der USA, die zum Großteil von befreiten Sklaven abstammt, sind die schwarzen Hauptfiguren des Romans die Kinder von Emigranten von den Westindischen Inseln. Jackie wurde weniger behütet als der asiatische Nachwuchs in Tuyens Familie; ihre Eltern waren Bohemiens, die viel Zeit in Tanzlokalen verbrachten. Die Rolle von Tanz und Musik ersteht in liebevollem und überzeugendem Detail, so dass wir schließlich deutlich verstehen, warum die Schließung eines solchen Lokals die Lebensqualität der früheren Gäste beeinträchtigt. (Der Übersetzer hat es stellenweise mit Argot, Jargon und Umgangssprache nicht leicht, kämpft sich aber wacker durch zu einem leserfreundlichen Text.) Wir verstehen auch, warum Jackie in eine unverbindliche Beziehung zu einem jungen Deutschen flieht, den der dritte Freund, Oku, eifersüchtig als den »Nazi boy« bezeichnet. Oku seinerseits, der das Studium heimlich aufgegeben hat und sich mit untergründigen Gestalten herumtreibt, aber noch zu Hause wohnt, leidet unter dem kaputten Ehrgeiz eines Vaters, der seine Bitterkeit über sein verpfuschtes Leben an seinen Angehörigen auslässt.

Die unehelich geborene Carla, Tuyens Nachbarin und von dieser ohne Erfolg umworben, ist mit ihrem jüngeren Bruder bei ihrem schwarzen Vater, der ein ordentliches Auskommen und eine ordentliche Familie hat, aufgewachsen und hat ihn ihr Leben lang gehasst, weil seine Geliebte, Carlas weiße Mutter, Selbstmord begangen hat. Der Verlust der Mutter paart sich bei ihr mit dem Verantwortungsgefühl für den hoffnungslos vergammelten Bruder. Fast durch den ganzen Roman ist sie damit beschäftigt, ihn wieder einmal aus dem Gefängnis herauszuholen, und als es ihr endlich gelingt, ist die Lösung zweischneidig, wie übrigens alle Lösungen es sind vor dem unbestechlichen Blick der Autorin.

Freundschaften und Liebschaften haben es also schwer in

Konkurrenz mit den Familienbanden, den Ansprüchen, die Eltern, Brüder und Schwestern an junge Menschen stellen, die noch nicht recht wissen, wohin mit sich. Die Aufgabe, vor der die vier Freunde und mit ihnen die Leser stehen, ist, sich von ererbter Last zu befreien. Das ist zwar nichts Neues in der Literatur, aber hier erhält dieser Kampf ums Erwachsenwerden eine besondere Brisanz durch den Blick in die offene, vielseitige Stadt und durch die ungewöhnliche ethnische Zusammensetzung des vierblättrigen Kleeblatts. Obwohl uns die Autorin ungerührt in gescheiterte und gefährdete Karrieren einführt, in Hoffnungen, die von Anfang an hoffnungslos waren, so zeigt sie uns gleichzeitig die Stadt als einen Freiraum für Versuche, Experimente und Träume.

Zudem wirft der Roman ein Streiflicht auf ein universelles Problem unserer Zeit, nämlich das Schicksal der Flüchtlinge aus den diversen Kriegen und Hungersnöten in der Dritten Welt, aber hier eben vom Standpunkt der Kinder, die nicht mehr hungern (mit Ausnahme des Gegenbilds vom immer wieder auftauchenden verlorenen Sohn), die etwas gelernt haben und mehr lernen können, Söhne und Töchter, die in der sogenannten entwickelten Welt zu Hause sind. Aber eben auch nicht ganz zu Hause. Ein Buch über die Stühle, zwischen denen diese Generation sitzt. Und wonach sie sich sehnt.

Dionne Brand: Wonach sich alle sehnen. Roman.
Aus dem Englischen von Matthias Müller.
Atrium Verlag, Zürich 2007. 383 Seiten

Einwandern, auswandern, wandern

Man wird sich erinnern, wie Verena Stefans erstes Buch »Häutungen« 1975 im aufmüpfigen Münchner Verlag Frauenoffensive erschien, einen unerhörten Erfolg erzielte und zu einem Grundstein der deutschen Frauenbewegung wurde. Damals war die Autorin sofort als »radikale Feministin« verschrien, jedenfalls in Kreisen, wo eine solche Zuschreibung spöttisch behandelt oder als bedrohlich empfunden wurde. Und als »radikale Feministin« steht sie auch heute noch in Wikipedia. Der Ausdruck hat allerdings etwas Marktschreierisches und Fischweibhaftes, genau das Gegenteil von Stefans Stil und Stimmungslage, von der sanften, verträumten, wenn auch schlafwandlerisch sicheren Stimme, mit der sie die Leser/innen in ihren eigentümlichen Bann zieht.

Es ist ein Stil, der die Fülle des Sicht- und Hörbaren mit Staunen und Neugier herzählt. Stifter fällt mir ein, wenn ich Stefan über Reisen und Gärten lese, aber auch Gottfried Kellers berühmter Vers über den »goldnen Überfluss der Welt«. Ihr Prosawerk setzt sich, teils spielerisch, teils todtraurig, aus Momentaufnahmen und Gedankenfragmenten zusammen. Denn ein eigentlicher Roman ist das Buch nicht, es hat keinen durchgehenden Handlungsstrang, ist eher essayistisch konzipiert, von persönlichen Eindrücken getragen, mit Abschnitten, die man Prosagedichte nennen könnte, die sich aber zu einem Ganzen schließen, zu einem Lebensgefühl und zu einer humanen Weltanschauung, in der Tiere, Menschen, Natur und Zivilisation ihren Platz haben oder haben sollten.

»Fremdschläfer« handelt im weitesten Sinne von dem, was uns fremd und was uns vertraut ist, von Heimat und Ausland, von Wiedererkennen und Dazulernen. Es ist eine Auseinandersetzung mit zwei Ländern, dem Mutterland und dem Land der Geliebten, in dem die Hauptfigur sich niedergelassen und Anschluss gefunden hat. Der Ausdruck ist eine eher unfreundlich gemeinte Schweizer Bezeichnung für Asylanten, die »an einem anderen Schlafplatz als dem offiziell zugewiesenen angetroffen werden«. Die Schweizerin Verena Stefan lebt seit sieben Jahren in Montreal, sieht sich also selbst als eine Art Fremdschläferin. Sie wandelt das Wort positiv auf vielerlei Weise ab: »Fremde wandern im Schlaf in ein Land ein«, oder sie spricht vom Schlafen in der Fremde oder mit einer Fremden/Freundin schlafen, aber auch über die Fremdheit des eigenen Körpers, wenn dieser erkrankt ist.

Die Icherzählerin (die jedoch das »ich« vermeidet und sich als »du« anredet, was eine Verbrüderung mit den Lesern suggeriert) entdeckt Kanada, mit seiner freundlichen Bevölkerung und menschenfeindlichen Witterung – lange grausame Winter, die kurzen Sommermonate zu heiß –, lebt in der englisch-französischen Sprachmischung, stellt Überlegungen an zum Fremdsprachensprechen: »Du fühlst dich, als habest du im falschen Geschäft eingekauft, befindest dich nicht auf gutem Fuß mit dir selbst, die Schuhe zu klein, drücken, die Sprache schlecht gearbeitet, ist nicht auf Figur geschneidert … Die Sätze befremden sich auf deiner Zunge, in den Mundwinkeln.« Und: »Lou schweigt auf englisch und französisch, ich auf englisch, deutsch und berndeutsch; auch Selbstgespräche führe ich auf englisch, deutsch und berndeutsch.«

Wir erfahren, dass die Familie der Erzählerin von den Behörden nach dem Krieg als fremd eingestuft wurde, da die Mutter mit einem Deutschen verheiratet war und, obwohl gebürtige Schweizerin, dadurch ihre Schweizer Staatsbürgerschaft verloren hatte. Ganz widersinnigerweise galt nur die Herkunft des Mannes für das Heimatrecht aller Familienmitglieder. Er, ein gelernter Ingenieur, den die Schweiz gut brauchen konnte, ist illegal eingereist, die kantonale Fremdenkontrolle und eidgenössische Fremdenpolizei ließen sich schließlich erweichen, doch Verena Stefan, ebenso in der Schweiz geboren wie ihre Mutter, war in der frühen Kindheit zu Hause offiziell eine Fremde. Der Vater blieb für die Nachbarn immer ein »Fremdschläfer«, ein Ausländer, der das Bernerdeutsch nie richtig lernte, obwohl er sich Mühe gab. »In der Mundart findet die Sprache im Mund statt, nicht im Hirn«, schreibt seine Tochter.

Zum Humanismus gehört auch die Tierliebe: Haus- und Raubkatzen kommen vor, Biber, Seehunde, und das Wunschbild eines freien Wolfs, dem Lou gerne begegnen möchte. Dazu als Gegensatz die Tierquälerei, wie bei den Berner Bären, die in einem eigenen Turm, der ihnen den Blick ins Weite verstellt, zur Ehre und als Stolz der Stadt zur Schau ausgestellt sind. Die einerseits tief geliebte Schweizer Heimat schillert in allen Farben, und nicht alle strahlen Ruhe und Frieden aus.

Aber das Fremdeste auf Erden ist Krankheit, Krebs. Nach einem idyllisch schönen Bad im See entdeckt sie eine harte Stelle an der Brust. »Deine Lebenszeit ist im Bruchteil einer Sekunde schockgefroren.« Die klinischen Details der ärztlichen Untersuchung und der darauffolgenden Behandlung sind in denselben Rhythmus des Erzählstroms eingepackt und lesen sich ebenso fließend und nachdenklich wie die Landschaftsbeschreibungen, obwohl natürlich mit anderen Vorzeichen. Die Entdeckung des Geschwürs verändert die menschlichen Beziehungen, führt in eine Gegend, »in der auch das Schweigen verstummt ist, das Schweigen, in dem man sich ohne Worte zurücklehnen, ausdehnen kann, in dem man sich wohl fühlt«. »Können andere mich lieben, wenn ich krank bin? Ja. Kann ich mich lieben, wenn ich krank bin? Nein.« Beim Ausfall der Haare ist die Kopfhaut wie »eine Badekappe aus Gummi«. Während der Chemotherapie wechselt sie vom Erzähl-Du zu »man« und schreibt paradoxerweise: »Man spürt ein dringendes Verlangen, laut Ich zu sagen.« Die Krankheit bewirkt einen Verlust der Identität, man stinkt, aber es ist nicht der Eigengeruch. Wer das Feministische in »Fremdschläfer« sucht, wird es vor allem in der lesbischen Liebesgeschichte finden. Auch heute, wo Homosexualität fast nicht mehr, oder weit weniger als noch vor zwanzig Jahren, stigmatisiert wird, ist die liebevolle Selbstverständlichkeit bewundernswert, mit der die Autorin die Beziehung der beiden Frauen darstellt. Von Verena Stefan kann man lernen, warum der Feminismus ein Humanismus ist, oder, umgekehrt, dass ein echter Humanismus den Feminismus miteinschließt.

Verena Stefan: Fremdschläfer. Roman.
Ammann Verlag, Zürich 2007. 219 Seiten

»Ich will etwas werden«

Ihr Leben begann als behütete Tochter fortschrittlicher Eltern des ausgehenden 19. Jahrhunderts. Man war kultiviert, hatte Sinn für Theater und Musik, etwas weniger für die bildenden Künste, besonders wenig für moderne Kunst, die der aggressive Nationalismus im damaligen Deutschland mit den verhassten Franzosen verband. Erste Jahre in Dresden, später in Bremen, Reise nach England zu Verwandten, wo sie anfing zu zeichnen, ein Talent, das ihr Vater sogleich erkannte, um es dann auch wieder zu unterschätzen. Man war sich nicht einig, was sie damit anfangen könne. Sie wollte auf eigenen Füßen stehen, auch die Eltern wünschten das für sie, obwohl es gar nicht selbstverständlich war, dass ein Mädchen für einen Beruf ausgebildet wurde. Eine Zeit lang sollte sie Lehrerin werden, was ihr offensichtlich nicht recht zusagte.

Die ersten Kindheitseindrücke stammen aus Dresden, wo sie auch das erste tragische Erlebnis hatte, als eine Cousine, während sie zusammen spielten, in einer Sandgrube verschüttet wurde und starb. Die Biographin meint, dieses Trauma hinterließ nachhaltige Spuren. Als sie zwölf Jahre alt war, zog die Familie nach Bremen, und von dort fand sie, nach einer Berliner Ausbildung, ins nahegelegene Worpswede, einer Künstlergemeinde, die auch Frauen aufnahm, und in ein Leben von Fleiß und Festen, Arbeit und Sport, mit Gleichgesinnten, vor allem der Bildhauerin Clara Westhoff und dem Maler Otto Modersohn.

Der Gegenpol zu Worpswede ist Paris, wo Paula Becker auf mehreren Reisen zur modernen Malerin wird. Beuys beschreibt die dortige Kunstszene, die neuen Ansätze der französischen Malerei, die Paula Becker faszinierten, und sie kommentiert Paulas und ihrer Freunde Briefe und Tagebucheintragungen. Die Autorin betont den Einfluss von Cézanne und Gauguin, deren Bilder in Paris zu sehen waren, und Gemeinsamkeiten mit Picassos Frühwerk, das Paula nicht kennen konnte. Sie malt ungeheuer viel und fühlt sich trotzdem verpflichtet, der Familie immer wieder zu versichern, dass sie ihre Zeit nicht vertrödelt. In ihrer Analyse der zitierten Dokumente sucht Beuys einerseits Paulas künstlerische Entwicklung und andererseits die Probleme einer begabten Frau im Zeitalter der ersten Frauenbewegung nachzuzeichnen, als man sich bewusst emanzipierte und doch noch tief in den Traditionen des 19. Jahrhunderts steckte. Als Frau wird Paula Becker leicht als Dilettantin abgestempelt, und da Mädchen aus ihrer Schicht gar nicht geschäftstüchtig sein sollten, hat sie nicht versucht, sich und ihre Bilder zu vermarkten und sich einen Lebensunterhalt zu sichern. Sie zögerte, ihr Werk in Ausstellungen zu zeigen, was kein Wunder ist, nach einem gescheiterten frühen Versuch in Bremen, wo ihre Bilder mit einer verheerenden, sogar giftigen Kritik bedacht wurden. Gerade dort, wo sie originell ist, wird sie verurteilt. Der Vater, obwohl von ihr beeindruckt, kann sie auch wieder philisterhaft kritisieren. Um Geld zu verdienen, schlägt er vor, solle sie sich als Gouvernante verdingen.

Die menschlichen Beziehungen zwischen den ungewöhnlich begabten Menschen von Worpswede sind komplex. Paula verliert auf Jahre den Zugang zu der liebsten Freundin, der Bildhauerin Clara Westhoff, die Rilke heiratet und nach der Geburt einer Tochter unter Depressionen leidet. Auch Klara heiratet, und zwar, sehr zur Erleichterung ihrer Familie, den erfolgreichsten Maler der Gruppe, Otto Modersohn, der mit seinen Bildern gut verdient. Modersohn weiß, dass seine Frau die originellere Malerin ist, lobt sie und will sie dann doch nicht gelten lassen. Das hat teilweise seine künstlerischen Gründe, denn Paula malt avantgardistische Gemälde und ist von der Pariser Moderne beeinflusst, während ihr Mann so traditionell malt, dass auch die Nazis ihn lobten (er starb erst 1943). Paulas Werk hingegen zählte in der Hitlerzeit zur »entarteten Kunst«. Hinzu kommen die Vorurteile gegen malende Frauen und der Zweifel, auch bei halbwegs progressiven Männern, dass irgendeine Frau es in der Kunst weit bringen kann. Und dann noch ein verblüffendes Defizit dieser Ehe: Die beiden haben von Anfang an und Jahre hindurch keine sexuellen Beziehungen, denn Modersohn, obwohl Witwer mit kleiner Tochter, wünschte sich eine »lautere Seelengemeinschaft«, was seine Frau später schlicht als »Tierquälerei« bezeichnete. Eine kurzfristige Affäre in Paris half ihr nicht über die Enttäuschung der Ehe hinweg. Barbara Beuys behandelt diese Intimitäten sehr behutsam und so diskret es geht, und ist gerade darum überzeugend.

Das Ehepaar Rilke sind die einzigen Menschen, die Paula bei ihrem Entschluss, sich von Modersohn zu trennen und sich in Paris niederzulassen, ermutigen. Die anderen, Familie und Freunde, bestürmen sie, nach Worpswede und in die Ehe zurückzukehren. Man wirft ihr von allen Seiten Egoismus vor, was ja einer gewissen Logik nicht entbehrt, wenn man von der dienenden Funktion der Frau als absolutes Prinzip ausgeht. Modersohn braucht eine Frau im Haus, die die Stieftochter betreut und ihm Kalbsbraten auf den Tisch stellt. Man jagt ihr Angst vor der Selbständigkeit ein, und niemand berät sie oder bietet ihr finanzielle Hilfe an. Sie lässt sich kleinkriegen, gibt nach und kehrt zur Freude ihrer Mutter von Paris, wo sie sich schon einrichtete, nach Hause zurück. Dann geht es rasch zu Ende: Sie wird schwanger und stirbt Tage nach der Geburt einer Tochter an Herzschlag, ausgelöst von einer Embolie, vermutlich verursacht durch das damals noch verschriebene Wochenbett.

Heute, genau hundert Jahre nach ihrem Tod, ist sie, die im Leben nur hie und da ernst genommen wurde, die einzige der Worpsweder Künstler, für die sich ein Museumsbesuch lohnt. Es scheint fast unglaublich, dass die vielen gewagten, wunderbaren Bilder – diese avantgardistischen Stillleben und expressionistischen Porträts und Selbstporträts, einschließlich der ersten Aktselbstdarstellungen in der europäischen Malerei – alle von einer Frau in ihren Zwanzigern gemalt wurden. Paula Modersohn-Becker hielt sich für unfertig, meinte, sie sei erst im Begriff, »etwas zu werden«; ein Jahrhundert später wissen wir, wie sehr sie schon etwas Unwiederholbares und viel zu früh Verlorenes war.

Barbara Beuys: Paula Modersohn-Becker
oder Wenn die Kunst das Leben ist. Hanser Verlag,
München 2007. 343 Seiten, 16 Farbtafeln

Poesie der Angst und Einsamkeit

D as Werk von Regina Ullmann (1884–1961) wird alle zwanzig Jahre neu entdeckt und dann wieder vergessen. Der erste, der sie »entdeckte«, sich für sie einsetzte und sogar begeisterte, war Rainer Maria Rilke. In Ullmanns Prosa kommt eine unverwechselbare Stimme zu Wort, die ganz gewöhnliche Beobachtungen anstellt, doch auf so abwegige Art und Weise, dass sie das Alltägliche verwandelt und man es neu abtasten muss. Das war's wohl, was Rilke an ihrem Schreiben faszinierte, sie erfüllte das, was Rilke für den »Auftrag« der Dichtung hielt, nämlich die materielle Welt so darzustellen, dass sie sich ins Geistige verwandelt. »Zeige dem Engel die Welt«, heißt es in den »Duineser Elegien«, und auch Regina Ullmann, die zwar nur selten, aber doch dann und wann die Engel bemüht, unternimmt es, die Dinge zu verwandeln, über Landläufiges dermaßen zu staunen, dass die Leser meinen, so einen Zirkus, so eine Wiese, so einen Gugelhupf, solche Erdbeerbeete habe es vorher noch nicht gegeben. Ihre Menschen und Landschaften sind verfremdet, als hätten alte Leute noch nie mit zittrigen Händen Flüssiges verschüttet und als wäre noch nie jemandem eine Landstraße wie ein Leidensweg erschienen. »Es ist nicht Zufall, dass die Landschaft der Erde mit der des Herzens identisch ist«, schreibt sie lakonisch. Allerdings geht die Verwandlung, anders als bei Rilke, bei ihr meist ins Negative.

Die vorliegenden Prosastücke verdienen den Namen Erzählungen nur beschränkt, denn sie sind oft eher Skizzen, Essays, Reflexionen, in denen aber hie und da doch etwas los ist, etwas geschieht, manchmal ganz Elementares, wie Geburt und Tod. Aber Unterhaltungsliteratur ist das nicht, eher Prosagedichte einer ganz besonderen Art. Man liest sie am besten ihrer stilistischen Eigenart und ihrer unterschwelligen Verzweiflung wegen, in der oft »alles nur Kulisse, windige Kulisse [ist], und vor dieser Tür war nichts, war der Abgrund. Unser Abgetrenntsein war da, unsere furchtbare, selbstgeschaffene Absonderung.« »Entseelte und Entkörperte« bevölkern diese Einöde, begleitet von der »eisigen Freude des Mitleids der anderen«.

Stilistische Distanzierung ist das Mittel für die Darstellung solcher seelischer Entfremdung. In der dreiteiligen Titelgeschichte »Die Landstraße« ist eine Icherzählerin auf der Suche nach einer provisorischen Bleibe. Sie wandert durch die »wehmütige Landschaft einer sorgenvollen Landstraße. [Diese] vergaß keinen Augenblick, dass sie sich Staub schuldig war, fußhohen Staub, feingerieben von den Mühlsteinen der Sonne und des aufgehenden Vollmondes«. Das Elend und die Not der Landbevölkerung ist verinnerlicht im Schuldbewusstsein von Kindern, die mit leeren Eimern vom Heidelbeersammeln kommen, nachdem sie hungrig die Beeren aufgegessen haben: »Es war doch Geld, das sie verschlungen hatten.« Oder im Schicksal eines alten Schweinehirts, dem sein Herr aus purer Bosheit sehr hartes Brot gibt, das der zahnlose Knecht nicht beißen kann.

Sie schreibt oft über allein gebliebene Menschen, besonders sehr alte, und nicht immer mit Sympathie. Die Kälte einer Stube, in der eine Frau gestorben ist, lädt uns zuerst ein, Mitleid mit dem frierenden Witwer zu fühlen, aber dann entpuppt sich die äußerliche Kälte als Aspekt der Gleichgültigkeit des alten Mannes, der seine Frau durch Lieblosigkeit zugrunde gerichtet hat. In einer kafkaesk anmutenden Geschichte über Schlaflosigkeit hält eine nagende Maus die Icherzählerin wach und stirbt folgerichtig in der Falle, die auf sie wartete. Im Schuldgefühl der Erzählerin, die das störende Tier eigentlich in den Wald tragen wollte (aber erst nach dem Frühstück), ist heillose, pathologische Angst mit einem genuinen kreatürlichen Mitgefühl verquickt. Von einer anderen Gestalt, die einiges mit der Autorin gemeinsam hat, heißt es: »In der Kindheit und ersten Jugend, ja ungeboren, in der ruhelosen Existenz ihrer Voreltern musste sie schon gebrochen und geknechtet und unfähig gemacht worden sein bis zur Erschöpfung«, und von einem einsamen Mann: »Man konnte nicht sagen ... dass er die Zeit totschlug, seine Sünde war vielleicht, dass er sie nicht ins Leben hob.« Sogar die Darstellung einer Geburt, vom Standpunkt der Gebärenden – und Regina Ullmann war selbst Mutter –, ist merkwürdig distanziert: »Oh, wie war man allein. Es schrie. Aber nicht wie von einem Schmerze, sondern wie wenn sich etwas spaltet und der Schrei des Kindes erschien auf der Welt.«

Dabei waltet in diesen Prosastücken ein hellwaches Ordnungsprinzip. So werden zwei Bucklige gegeneinander ausgespielt, einer ein Geigenmacher, der andere ein Zirkusclown. Der Geigenmacher geht als Zuschauer in den Zirkus. Die Erzählerin besucht beide. Die stille Stube des einen, die bunte, laute Arena des anderen sind wie Stasis und Dynamik miteinander verbunden, und das Bindeglied ist der Buckel, der beide belastet.

In einem ausführlichen Nachwort skizziert Peter Hamm Regina Ullmanns Lebensgeschichte. Sie war jüdischer Herkunft, halb österreichisch, halb deutsch, und zu ihrem Glück in der Schweiz geboren, denn dieser Umstand ermöglichte ihr die rechtzeitige Flucht in ihr Geburtsland. (Ihre beiden unehelichen Töchter konnten die Nazizeit in München überstehen, weil die Väter »arisch« waren.) Sie lernte als Kind spät sprechen und wurde als zurückgeblieben eingestuft. Eine ihrer eindrucksvollsten Figuren ist so ein »zurückgebliebenes« Mädchen, in der Erzählung »Ein Wirtshausschild«, das auf dem Land aufwächst und (ausnahmsweise) nicht unter ihrer Beschränkung zu leiden hat, sondern mit Respekt und sogar mit einer gewissen Ehrfurcht behandelt wird. Ihre Symptome sind in mancher Hinsicht autistisch, und in einem höheren Sinne lässt sich dieses Wort auf Ullmanns Prosa, die experimentell wirkt, scheinbar ohne es darauf abgesehen zu haben, anwenden.

Peter Hamm vergleicht Ullmanns Werk mit Robert Walsers. Man könnte in ihr auch eine Vorgängerin von Elfriede Jelinek sehen, wenn auch ohne deren Radikalismus, aber ebenso kompromisslos und desillusioniert wie diese und, wenn auch auf verhaltenere Weise, ebenso bewusst weiblich und heimgesucht von dem Täter-Opfer-Konflikt ihrer, unserer Welt.

Regina Ullmann: Die Landstraße. Erzählungen.
Mit einem Nachwort von Peter Hamm.
Nagel & Kimche, Zürich 2007. 180 Seiten

Im Labyrinth des Minotaurus

Barbara Vine ist Ruth Rendell, die Autorin bekannter spannender Detektivgeschichten. Die Romane, die sie unter dem Namen Vine veröffentlicht, sind psychologische Thriller und literarisch anspruchsvoller als die Rendell-Bücher. In ihnen werden gesellschaftliche Probleme aufgeworfen und nicht unbedingt gelöst, das Ende ist nur beschränkt ein Happy End, und obwohl gattungsgerecht ein Verbrechen stattgefunden hat und aufgeklärt werden muss, so laden der Nachhall und die verknoteten Verstrickungen im Hintergrund zu weiterem Nachdenken ein.

Im Mittelpunkt des vorliegenden Werks steht der Autismus, jene geistige Entwicklungs- oder Wahrnehmungs- und Informationsstörung des Gehirns, die lange schlecht verstanden war und falsch behandelt wurde, weil man die Betroffenen einfach für irrsinnig hielt. Autisten können nicht voll in die Gesellschaft integriert werden, doch oft haben sie erstaunliche spezialisierte Talente und einen ausgeprägten Ordnungssinn. In den letzten Jahren ist diese Krankheit, wenn man sie als solche bezeichnen will, ein Thema geworden, mit dem sich auch die breitere Öffentlichkeit beschäftigt. Hier nun findet es einen gut informierten Eingang in die Unterhaltungsliteratur.

Kerstin, eine Schwedin mittleren Alters, erzählt von einem Jahr, das sie als junge Krankenschwester in einer englischen Kleinstadt in den sechziger Jahren bei der Familie Cosway verbrachte, um einen angeblich Geisteskranken zu betreuen. Der Rückblick von 35 Jahren ermöglicht ihr, mit einem gesicherteren medizinischen Wissen und einem reiferen menschlichen Verständnis das damalige Geschehen, das schließlich zu einer Katastrophe führte, kritisch unter die Lupe zu nehmen. Sie stellt sich uns am Anfang als erfolgreiche politische Karikaturistin vor, die ihre Karriere mit dem Zeichnen dieser extrem exzentrischen Familie begann, was uns mit Recht eine Palette ungewöhnlicher Porträts erwarten lässt.

Die Familie, die im ganzen Ort verschrien ist, besteht aus einer Mutter, die nicht viel Liebe für ihre vier Töchter aufbringt und den »verrückten« Sohn John schroff ablehnt. Kerstin weiß sofort, dass etwas mit Johns Behandlung nicht stimmt. Er nimmt schwere Betäubungsmittel, die ihm als Vitaminpillen von seiner Mutter aufgeschwatzt werden und die ihm ein Arzt verschreibt, der, wie sich herausstellt, eine gemeinsame Vergangenheit mit der Familie Cosway teilt. Unwissenheit und Bosheit verschränken sich. John wird wie ein Kind behandelt, obwohl er ein erwachsener Mann ist, er ist angeblich schizophren und womöglich gewalttätig, doch Kerstin hält diese Diagnose für falsch. John ist testamentarisch im Besitz des Familienvermögens und ist dadurch gefährdet, da seine Verwandten nach seinem Geld gieren. Er ist, trotz seines zwanghaft asozialen Benehmens, der sympathischste Mensch in der Familie, der einzige, der Kerstins Namen korrekt ausspricht, während die anderen sie bequem und herablassend mit einer englischen Abwandlung desselben ansprechen. Als ihr John stehenden Fußes und gänzlich unvermutet einen Heiratsantrag macht, ist sie gerührt und bekommt den unverhohlenen Hass im Haus zu spüren, da man annimmt, auch sie habe es auf Johns Geld abgesehen.

Der Roman ist vielschichtig, und mehrere Ebenen, die von den Frustrationen und Affären der Töchter handeln, bilden das Spannungselement. Im Grunde sind fast alle handelnden

Personen Variationen der Selbstbezogenheit, die allerdings bei den anderen keine genetische Ursache hat. Vine sieht ihre Landsleute durch den kühlen Blick und die satirischen Zeichnungen der nordischen Kerstin, und Sentimentalität kommt nur vor in dem satirischen Bild einer der Schwestern, die als Erwachsene noch mit Puppen spielt und sich ein Trugbild ihrer Umgebung zusammenbastelt. Es entsteht ein Album von Menschen, die aneinander vorbeileben, nur ein wenig gemildert durch die normalere Welt von Kerstin und ihren Freunden.

Die englische Originalausgabe heißt »The Minotaur«, nach dem mythologischen Herrn des Labyrinths von Kreta. Auch im Roman spielt ein Labyrinth eine Rolle; es ist eine versperrte Bibliothek, wo John Zuflucht sucht und sich mit mathematischen Problemen abgibt, Sinnbild seiner geistigen, in sich geschlossenen Welt.

Auch andere literarische Anspielungen sind nicht zu übersehen. Kerstin liest zuhauf viktorianische Romane, ein Hinweis der Autorin auf ihre Quellen für das Haus Lydstep Old Hall der Cosways. Das Buch wirkt stellenweise fast wie eine Parodie auf den Spuk und die Geheimnisse, die in den unheimlichen fiktionalen Häusern des 19. Jahrhunderts ihr unwirtliches Wesen treiben. Als Krone muss noch Edgar Allan Poes Novelle »Der Untergang des Hauses Usher« (in dem bekanntlich die Zwillingsschwester des Hausherrn lebendig begraben wird) herhalten. Aber der Zugriff auf diese Familie ist rational und mit dem modernen Begriff der dysfunktionalen Familie zu erfassen. Die Aufklärung ist durch die Krankenschwester präsent, die weiß, dass sie es nicht mit einem Verrückten zu tun hat, und sich bemüht, ihm mit Respekt entgegenzukommen, obwohl ihr damals der Begriff des Asperger-Syndroms, an dem John leidet, noch nicht geläufig war.

Die Autorin hat Glück mit ihrer deutschen Übersetzerin, die diesen Roman, wie auch Vines frühere Romane, mit Intelligenz (zum Beispiel in der heiklen Verteilung von »Sie« und »du« fürs englische »you«) und einem feinen, sogar humoristischen Sprachgefühl für idiomatische Wendungen (aus dem urbritischen »a bit rich« für eine Unverschämtheit, wird »ein dicker Hund«) übertragen hat.

Barbara Vines Werk ist in einem Grenzgebiet angesiedelt, wo die Gattung Thriller nur das Gerüst abgibt für differenziertere und tiefer schürfende Darbietungen. In Deutschland weiß man noch immer nicht recht, wie solche Bücher einzustufen sind. Andererseits liest man sie gerne, und das ist wohl die Hauptsache.

Barbara Vine: Aus der Welt. Roman.
Aus dem Englischen von Renate Orth-Guttmann.
Diogenes Verlag, Zürich 2007. 458 Seiten

Verlorene Heimat

Es beginnt wie bei Kafka: Ein unschuldiger Geschäftsmann wird verhaftet, ohne dass er den Grund erfährt. Als persischer Jude gehört er einer Minderheit an in einem Land, wo seit Urzeiten eine jüdische Gemeinde angesiedelt ist. Man schreibt das Jahr 1981, der Schah wurde zwei Jahre vorher gestürzt, die Mullahs sind an der Macht, und der Krieg mit dem Irak beginnt. Das revolutionäre Regime verhaftet willkürlich alle, die irgendwie dem Schah gedient haben könnten oder mit Israel in Verbindung stehen, oder Intellektuelle, denen die Religion unwichtig ist und die gewöhnt sind, ihre Meinungen zu äußern. Isaac Amin, ein wohlhabender Juwelier, wird ins Gefängnis geschleppt.

Das Rückgrat der Erzählung ist die Leidensgeschichte des Familienvaters, mit allen Quälereien, denen er und die anderen Gefangenen, darunter viele, die schließlich hingerichtet werden, ausgesetzt sind. Doch das ist nur ein Strang. In wechselnden Kapiteln rücken die anderen Familienmitglieder in den Vordergrund. Die aufgescheuchten Juden der Stadt befinden sich allesamt in einem Zustand der Unsicherheit, des Nichtwissens, ob man gehen oder bleiben soll. Auswanderung ist nur durch Flucht möglich und für diese wiederum braucht man Geld. Die Amins sind zwar reich, doch sie werden dementsprechend nach Strich und Faden ausgeraubt, teilweise von Menschen, von denen sie naiv erwartet hatten, sie seien ihnen für erwiesene Wohltaten zugetan. Vieles erinnert hier an die Situation alteingesessener deutscher Juden vor der Emigration. Diese Ähnlichkeit gibt dem Buch einen besonderen Kältegrad, gerade weil sich das alles (noch einmal) ein halbes Jahrhundert später und in einem anderen Lande abspielt.

Farnaz, die Mutter in dieser kultivierten Familie, wollte einmal Sängerin werden, hat Literatur studiert, schließlich das alles aufgegeben, um zu heiraten, wie es sich in ihrer Generation noch immer gehörte. Das Leben war luxuriös, man reiste viel, hatte mehrere Häuser, zwei Kinder sind da, aber die Ehe ist nicht mehr so intim wie früher, als man noch ärmer war. In diese familiären Spannungen bricht nun die politische Katastrophe ein, der Vater verschwindet, und man kann nur ahnen, wohin. Seine Frau klappert die Gefängnisse ab, um zumindest herauszufinden, wo er sich aufhält, aber nicht einmal diese Information wird ihr zugestanden.

Die Haushälterin, die sie als ihre Freundin betrachtete, entpuppt sich als suspekt. Trotz der persönlichen Sympathie, die sie für ihre Arbeitgeberin hegt, ist sie beeinflusst von den ressentimentgeladenen Sprüchen ihres Sohnes, der zu den Revolutionären gehört. Auch er, Angestellter des Juwelierhauses Amin, hat einmal von Isaacs Großzügigkeit profitiert und eignet sich jetzt, da der Besitzer eingesperrt ist, dessen Eigentum an. Dalia Sofer schildert meisterhaft, wie gerechtfertigter Verdacht sich mit falschem Verdacht vermischt und alte menschliche Beziehungen unterminiert.

Die Handlung wandert hin und her zwischen Gefängnis und Heim und zwischen Iran und New York, wo der Sohn, der verwöhnte, jetzt verarmte Parviz Amin, Architektur studiert. Amerika ist ihm keineswegs das gelobte Land, sondern »ein enormes, kaltes Land«, wenn man kein Geld und keine Familie hat. Das Geld von zu Hause bleibt plötzlich aus, während er die Lust zum Studieren und zum Pläneschmieden verliert und selbst verdienen muss. Er findet Arbeit im Hutladen eines orthodoxen Juden, mit dem er, ungläubig wie er und seine ganze Familie ist, wenig gemeinsam hat, verliebt sich ein bisschen in dessen Tochter und sieht ein, wie er auch hier nicht hingehört, weil ihm diese Menschen, so human und sympathisch sie sind, mit ihren Ritualen fremd bleiben. Jude sein ist nicht genug, um dazuzugehören, gerade genug, um verfolgt zu werden. Emigration, obwohl der einzige Ausweg, ist keine Lösung.

Das Buch ist weitgehend autobiografisch, aber auch sorgfältig recherchiert. Die Autorin erwähnt in ihrer Danksagung »die vielen politischen Gefangenen«, die sie für die Gefängniskapitel interviewt hat, darunter auch ihren Vater. Die Authentizität dieser Szenen ist augenfällig, nicht zuletzt in der differenzierten Darstellung der einzelnen Opfer sowie der Gefängniswärter, die selbst einmal, und vor nicht langer Zeit, unter einem ungerechten Regime, nämlich des Schahs, zu leiden hatten. Das jüngste Mitglied der Familie, die neunjährige Tochter Shirin, entspringt, wie Sofer selbst andeutet, ihren eigenen, lebensnahen Erinnerungen über die Verunsicherung eines Kindes, dem der Boden unter den Füßen entzogen wird, das seine Freundinnen verliert, weil deren Eltern zur Seite der jetzigen Machthaber gehören, und das sich in seinem konfusen Wunsch zu helfen auf absonderliche Abenteuer einlässt.

Als Kontrast skizziert die Autorin den Zauber einer verlorenen Heimat, Düfte und kostbare Gegenstände, Teppiche und den Klang klassischer Lyrik, all das, was die Magie dieses Teils der Erde für westliche Leser schon immer ausgemacht hat (man denke etwa an Rilkes Vers: »Wasser und Rosen aus Ispahan oder Schiras«) und für Einheimische das Zuhause war, von dem man nicht wegwollte, weil man es anderswo gar nicht schöner haben konnte. Isaac mit seinem hochentwickelten Sinn für Ästhetik und besonders für Edelsteine, Farnaz mit ihrem Verständnis und ihrer Kenntnis von Poesie und Musik, Parviz und sein Heimweh, Shirin und ihre kindisch-gefährlichen Versuche, das Übel zu steuern oder zu verringern – das alles staut sich vor einer Katastrophe, die wie eine Tsunamiwelle die alte Kultur wegzuschwemmen droht.

Das Buch ist ein erster Roman, aber so vielseitig und mit so viel packender Einfühlung geschrieben, dass man sich auf weitere Werke dieser Autorin freuen darf.

Dalia Sofer: Die September von Shiras. Roman.
Aus dem Amerikanischen von Sabine Roth.
Hanser Verlag, München 2007. 335 Seiten

Kahlo, Kunst und Krankheit

Von den seelischen Schmerzen großer und auch mittelmäßiger Künstler handeln sowohl Biographien wie Romane, doch der Einfluss ständiger körperlicher Schmerzen als Quelle der Inspiration liegt weit weniger auf der Hand. Frida Kahlo war ein Extremfall, denn sie hat während ihrer langen Bettlägerigkeit überhaupt erst malen gelernt. Die Verbindung von physischer Qual und ästhetischer Schönheit war ein erlebtes und dann doch überhöhtes und erfolgreich sublimiertes Element ihrer Kunst. Der vorliegende Roman handelt unbeirrt von dieser Überschneidung.

Frida Kahlo war eigentlich ein sportlich veranlagter Mensch. Auch ihre erste Erfahrung mit einer katastrophalen Krankheit, der Kinderlähmung, die ihr ein verkürztes Bein hinterließ, konnte sie nicht vom Radfahren abbringen. Ihr Leben lang mutete sie ihrem Körper so viel zu, wie er eben aushielt, und öfters mehr. Ein schwerer Verkehrsunfall verurteilte sie als junge Erwachsene zum Invalidentum, dem sie sich aber nie unterwarf, und sie zog ihre Kraft aus dieser Weigerung. Der Widerstand gegen das, was ihr der Zufall aufgebürdet hatte, und der Mut, nicht zu resignieren, förderte ihre schöpferische Eingebung und machte sie zu der Malerin, die wir kennen.

Der Roman spielt am Todestag der Künstlerin und gibt ihre Gedanken und Erinnerungen wieder. Sie war die Lieblingstochter eines eingewanderten deutschen Fotografen, der gerne Philosophie las und der eine ungebildete Mexikanerin geheiratet hatte. Nach dem Unfall, als Frida noch immer nicht gehen konnte, löste sich ihre Beziehung zu ihrem damaligen Freund, der ihr vielleicht das Leben gerettet hatte. Ans Bett gefesselt, begann sie zu malen, ein geistiges Kampfmittel gegen die Unbeweglichkeit. Als sie wieder aufstehen konnte, zeigte sie ihre Bilder dem bekanntesten Maler Mexikos, Diego Rivera, im Buch nur »der Maestro« genannt. Das heißt, die Autorin geht davon aus, dass die Lebensgeschichte von Frida Kahlo (die übrigens auch nur mit ihrem Vornamen auftritt) den Lesern bekannt ist, und signalisiert, dass es im Roman nicht um Information, sondern um Interpretation geht.

Frida wird die dritte Frau des berühmten Mannes, der sie während der ganzen Ehe betrügen wird. Riveras Untreue ist lapidar zusammengefasst in dem Satz, »… dass schöne Beine hinkende immer übertreffen werden, es ist ein Gesetz Gottes«. Seine Affäre mit ihrer Schwester ist besonders schmerzhaft, es ist mehr als Betrug, es ist Verrat, denn Frida ist von der Hilfe der Schwester zum Erledigen rein körperlicher Funktionen abhängig. Fridas Körper ist eine »Landkarte des Schmerzes«. Sie übersteht eine Operation nach der anderen, muss Korsette tragen, die zwar die Wirbelsäule stützen, so dass sie malen und sogar tanzen kann, die sie aber nie vergessen lassen, dass der Körper eine Last, eine Belastung ist. Was den Malern der Avantgarde in Kahlos Gemälden wie Surrealismus vorkam, war für sie Darstellung ihres Lebens. Drakulić führt den Lesern vor Augen, was es bedeutet, wenn das eigene Fleisch am Körper verfault, wie Gangrän schließlich zur Amputation führt. Doch nicht nur Krankheit, auch Erotik ist mit der Selbstdarstellung aufs Engste verknüpft. Auch sie hatte andere Beziehungen, unter anderem zu dem nach Mexiko geflohenen Trotzki, aber sie und Rivera blieben ein Paar, fanden immer wieder zueinander. Am Ende ist Fridas

Beziehung zu ihrem Mann eher mütterlich, und sie malt ihn auch so, als sei er ihr Kind.

Die Autorin schiebt Beschreibungen der Gemälde ein, wo sich Schönheit und Verzweiflung ergänzen. Zum Beispiel: »[Adriana] ist reine Sinnlichkeit. Und es gibt Licht am bewölkten Himmel hinter ihr, man sieht eine Kuppel mit erleuchtetem Fenster. Es besteht Hoffnung, während hinter Frida nur dunkler, geschlossener Raum ist.« Sie betont Fridas kompromisslose Darstellung von Motiven, die vorher kein Maler in Angriff genommen hatte, zum Beispiel Fehlgeburt. Frida hatte drei, denn sie wollte wie andere Frauen auch Mutter sein, was ihr zu ihrem Leidwesen nicht gelang. Umso mehr, und zu unserer Bereicherung, gelangen ihr die Bilder darüber.

Am Ende des Romans steht Frida Kahlos Selbstmord. Es ist eigentlich nicht erwiesen, dass sie sich mit Absicht und nicht durch Zufall mit ihren Medikamenten getötet hat, aber es ist möglich, und die Autorin setzt es voraus, wie es ihr in einem fiktionalen Text fraglos gestattet ist. Frida Kahlo war 47 Jahre alt, und ihr Zustand hatte sich dermaßen verschlechtert, dass sie nicht mehr »diese Maske der Freude« tragen konnte, die sie sich ihr ganzes Leben lang aufgesetzt hatte, »um ein neues Ich [zu] kreieren mit Hilfe exotischer Kleidung und seltsamer Frisuren, mit Hilfe von Schminke, Schmuck … Außer auf ihren Bildern. Wie jeder Clown hatte sie ein Doppelleben geführt.« Schließlich machte der Körper nicht mehr mit. Auch ihre Malerei war künstlerisch nicht mehr wertvoll, die besten Jahre waren vorbei, und es lohnte sich nicht mehr zu leben. Ihre Zeit war um, und sie machte einen Strich unter die Rechnung.

Slavenka Drakulić ist unter anderem die Autorin eines

vielbeachteten Buchs über Kriegsverbrechen im früheren Jugoslawien (»Keiner war dabei«) und eines Romans über die damaligen Massenvergewaltigungen (»Als gäbe es mich nicht«). Als Schriftstellerin und Journalistin hat sie sich oft mit den Grenzsituationen menschlichen Leidens befasst. Insofern besteht eine Gemeinsamkeit zwischen ihrem bisherigen Werk und der überraschenden Themenwahl des neuen Romans. Es ist ein bedrückendes Buch, keine leichte Unterhaltung, doch es sorgt für ein langes Nachdenken nicht nur über eine außerordentliche Künstlerin, sondern auch über die Schranken, die uns allen gesetzt sind, und die Überwindungsstrategien, die den Stärksten und Begabtesten offenstehen.

Slavenka Drakulić: Frida. Roman. Aus dem Kroatischen von Katharina Wolf-Grießhaber. Paul Zsolnay Verlag, Wien 2007. 173 Seiten

Puppenraub

Die Frau im Dunkeln« hat alle Merkmale einer klassischen Novelle. Eine sich ereignete »unerhörte Begebenheit« und ein deutlicher Wendepunkt sorgen für den strengen Aufbau, den Goethe von dieser Gattung verlangte. Sogar den nicht unbedingt notwendigen »Falken«, das heißt einen Gegenstand, der eine unvermutete und bedeutsame Rolle spielt, hat das vorliegende Buch vorzuzeigen. Dazu kommt der in der Novellentradition beliebte Rahmen, hier ein Autounfall, von dem sich die Icherzählerin am Anfang erholt, den sie im Laufe der Erzählung zu erklären sucht und auf dessen Nachwirkung sie am Ende zurückkommt. Künstlerisch vollendet und daher ein Lesevergnügen, ist Elena Ferrantes Erzählung inhaltlich aber auch ein harter Brocken, der manchen Leserinnen unter die Haut gehen wird, denn die Autorin behandelt die heutigen Probleme von Müttern und Töchtern – und von Frauen, die beides sind – ohne die geringste Zimperlichkeit.

An einem sonnigen Ferienstrand, wie ihn deutsche Leser von Thomas Manns »Urlaubsnovellen«, etwa vom »Tod in Venedig« und »Mario und der Zauberer« kennen, einem Ort, an den man fährt, um sich zu erholen und dann unvermutet mehr Erfahrungen einsammelt, als einem lieb ist, beobachtet die Heldin, eine alleinstehende Frau namens Leda, eine Großfamilie aus Neapel, die ihr zwar ordinär vorkommt, die sie aber nur allzu gut versteht, denn sie stammt aus derselben Gegend. Kindheit und Jugend bricht über sie ein, nicht als Nostalgie, sondern im Gegenteil, wie schlecht vernarbte seelische Wunden, denen im Lauf der Erzählung noch zwei weitere, körperliche, zugefügt werden. Der Dialekt der Kindheit ekelt sie an wie Eiter, der aus solchen Wunden fließt. »Sie waren meine Gegenwart, der Sumpf meines Lebens, in dem ich von Zeit zu Zeit immer noch versank. Sie waren wirklich genauso wie meine Familie, von der ich mich als Mädchen distanziert hatte. Ich hielt sie nicht aus, und doch ließen sie mich nicht los, ich trug sie alle in mir.« Nur eine junge Mutter namens Nina mit kleiner Tochter kommt ihr liebenswert vor, weil die beiden so hervorragend miteinander kommunizieren und zusammen die Puppe der Kleinen, Nani genannt, bemuttern. Dann geht das Kind kurzfristig am Strand verloren. Leda findet es und damit auch Zugang zu der dankbaren Familie. Und nun die Überraschung: Leda stiehlt die geliebte Puppe des kleinen Mädchens, das übrigens, um das Vexierspiel noch ein Spalier höher zu treiben, wie die Autorin Elena heißt.

Die kleine Elena heult sich die Augen aus und ist durch kein neues Spielzeug zu beschwichtigen. Sie macht ihre Mutter für den Verlust der Puppe verantwortlich, kränkelt und wird zur Nervensäge. Die Diebin weiß es, erwirbt das Vertrauen der verzweifelten Nina – und gibt die Puppe doch nicht her. Im Gegenteil: Sie kauft ihr neue Puppenkleider und spielt mit ihr. Dabei wird die Puppe in den Augen der Diebin zusehends hässlicher, sogar widerlich. Sie hat eine faule Flüssigkeit im Bauch, und Leda entdeckt einen toten Wurm in ihrem Innern. (Eine von Elenas Tanten erwartet nämlich ein Kind, und darum bestimmte Elena, auch ihre Puppe solle mit Hilfe von Sand, Wasser und Wurm schwanger werden.)

Leda ist Anglistin an einer Universität, an der ihr Mann den Aufstieg mit Leichtigkeit schaffte, während sie wegen der beiden Kinder stecken blieb. Als Mutter war Leda abwechselnd hingebungsvoll und hysterisch, schrie die Kinder an und drohte sie zu verlassen. Sie selbst hatte eine Mutter, die mit solchen Drohungen ihre Tochter verunsicherte, aber dann doch bei der Familie blieb, während Leda ihre Töchter drei Jahre lang dem Vater überließ und sie nicht einmal besuchte. Erst als sie die Karriere fest in der Hand hatte, kehrte sie zurück. Es ist, als ob Nora aus Ibsens »Puppenheim«, Jahre nachdem sie die Türe ins Schloss geschmissen hat, die disparaten Teile ihres Leben zusammenleimt. Leda ist mit beruflichem Erfolg belohnt worden, bereut nichts und hat trotzdem ein schlechtes Gewissen.

Inzwischen sind die Töchter erwachsen und leben bei Ledas geschiedenem Mann, dem Vater der Kinder, in Kanada. Sie kommt ganz gut mit ihnen aus, und das Buch endet mit einem liebevollen und doch zweideutigen Telefonanruf aus Toronto. Am Strand hingegen hat der Puppenraub eine scheinbar idyllische Mutter-Tochter Beziehung in ihr Gegenteil verwandelt. Die genervte Nina sucht Trost und Liebe anderswo. Sie bewundert die alleinstehende und scheinbar so ausgeglichene Leda, vertraut und beichtet ihr. Ähnlich hatte sich Leda früher einmal an eine junge Britin geklammert: Frauen vergleichen sich miteinander, um das eigene Leben im Spiegel anderer umzukrempeln. Nina weiß nichts von Ledas Selbstzweifeln, den Rückschlägen und Schuldgefühlen, die ja teils begründet sind und die Leda symbolisch mit dem Puppenraub neu inszeniert hat. Als sie schließlich die Wahrheit über den Verbleib der Puppe erfährt, ist sie schockiert und rächt sich. Die Puppe ist eine eigentümliche Identifikationsfigur, denn im Spiel war sie sowohl Mutter wie Kind. »Sie war der strahlende Beweis eines glücklichen Mutterdaseins« gewesen, das durch Ledas unverständliche Tat heftig gestört wurde. Sie ist ein magisches Objekt inmitten einer ganzen Palette von Varianten zum Thema Mütterlichkeit.

Die Männer dieser Frauen sind Nebenpersonen; zwar spielen sie eine Rolle, sowohl in der Gegenwart am Strand wie in der Erinnerung, aber das Verhältnis zu ihnen wird mit relativ geringer erotischer Ausstrahlung ausgestattet. Man verdankt ihnen die Freude am Tanzen und ein erhöhtes Lebensgefühl, doch der Schwerpunkt liegt anderswo, bei den Müttern und ihren Kindern.

Die Ferien gehen zu Ende, man fährt nach Hause. Leda wurde geschädigt und hat selber Schaden angerichtet. Sie hat etwas gelernt, doch eine Bildungsreise ist es nicht gewesen, schon eher eine Freud'sche Kurztherapie, wie überhaupt die Funktionen des Unterbewusstseins auf unaufdringliche Weise omnipräsent sind in dieser spannenden und mehrdeutigen Parabel über das Leben moderner Frauen.

Elena Ferrante: Die Frau im Dunkeln. Roman.
Aus dem Italienischen von Antje Nattefort.
Deutsche Verlags-Anstalt, München 2007. 173 Seiten

Doris Lessing wiederentdeckt

Im Zuge der Nobelpreisverleihung von 2007 an Doris Lessing liegen dieses Jahr zwei ihrer Romane in Neuausgaben vor. Der eine, auf Deutsch »Afrikanische Tragödie« (Originaltitel: »The Grass is Singing«, 1950), ist Lessings erster Roman und erster großer Erfolg. Er behandelt die unhaltbare, pathologische Beziehung von Schwarzen und Weißen im Südafrika der 1940er Jahre.

Es beginnt schlagartig mit dem Mord an einem armen weißen Farmer. Der Täter, ein Eingeborener, wird gleich eingangs verhaftet und hat gestanden. Im Rückblick und im Verlaufe des Romans erfahren wir nach und nach, wie es zu der Tat kam. Mary und ihr Mann Dick sind geistig und emotional beschränkt, sie empören uns als Leser durch ihre unreflektierten Vorurteile und sind weitgehend unsympathisch, bis wir allmählich merken, wie viel wir mit ihnen gemeinsam haben und am Ende mit Sympathie auf ihr Scheitern reagieren.

Mary hatte nach einer miserablen Kindheit eine Nische als alleinstehende Bürokraft gefunden, in der sie sich wohl fühlte. Sie las minderwertige Romane, ging ins Kino, traf sich mit Freunden, war gewissenhaft in ihrer Arbeit, genoss ihre Freiheit und verdiente ausreichend. Trotzdem geriet sie unter Druck zu heiraten, auch innerlich, weil es von einer Frau in den 1940er Jahren erwartet wurde. Sie zieht aufs Land zu einem Ehemann, der von seinen Nachbarn verachtet wird, weil er immer tiefer in Schulden versinkt und sich kein ordentliches Leben leisten kann. Der Hauptteil des Buches handelt von Marys allmählicher Verelendung und ihrer geistigen Verwahrlosung im Veld, der südafrikanischen Steppe. Sie leidet unter der Hitze, der relativen Armut ihres schäbigen Heims, langweilt sich und streitet unentwegt mit den »boys«, das heißt mit den eingeborenen (und natürlich erwachsenen) Bedienten. Sie merkt nicht, wie die Schwarzen von den Weißen ausgebeutet werden: Im Gegenteil, sie meint, die Angestellten bekämen zu viel bezahlt, wenn sie die bescheidensten Forderungen stellen.

Sie versinkt in immer tiefere Depressionen, wird zur Gefangenen ihrer eigenen Ängste und einer unbarmherzigen Landschaft, Gegebenheiten, denen sie sich nicht entziehen kann, und die das soziale Missverhältnis spiegeln. Sie hat nichts zu tun, jedenfalls nichts, was ihrem Leben einen Sinn geben könnte. Kinder, sagt ihr Mann, könnten sich die beiden nicht leisten. Sie versucht aus der Ehe auszubrechen und zurück in die Stadt zu ziehen, um dort ihren alten Beruf wiederaufzunehmen, erfährt aber, dass es zu spät dazu ist. Einem »house boy« hat sie einmal mit der Peitsche ins Gesicht geschlagen, und dieser Schlag, der eine unverheilte Narbe hinterließ, ist die mittelbare Ursache des Mords. Vorher jedoch entwickelt sich eine pathologische, intime Beziehung zwischen den beiden, die das Tabu der Kolonie bricht. Selbst Mary weiß am Ende, dass es zur Rache kommen muss, obwohl sie die Vorurteile ihrer Gesellschaft nach wie vor teilt. Lessings Sozialkritik ist mit den Jahren zwar zu einem historischen Roman über den Kolonialismus geworden, aber er ist auch eine packende, unbarmherzige Geschichte über die Ausweglosigkeit eines falschen Lebens in einer falschen Gesellschaft.

»Das fünfte Kind«, mehr als dreißig Jahre später entstanden, neu aufgelegt in Manesses Bibliothek der Weltliteratur, spielt in London. Wenn man die beiden Bücher nacheinander liest, so fällt auf, wie das Außenseiterthema beide beherrscht: Eine feste soziale Ordnung wehrt sich gegen den Einbruch des Chaos und unterliegt schließlich. In »Tragödie« war es der Busch, der das Haus überwältigen wird und dem der Farmer nicht standhalten kann. Im »Fünften Kind« ist die Gesellschaftsordnung gutartig, es geht um eine Familie, die »glücklich« sein will in einem großen Haus mit vielen Kindern und vielen Gästen. Mary durfte keine Kinder haben, die sympathische Harriet im »Fünften Kind« hat mehr Kinder, als gut für sie ist. Nach mehreren idyllischen Jahren kommt statt eines normalen Säuglings etwas zur Welt, das eher einem Kobold gleicht und vielleicht das Wiederauftreten einer atavistischen Form verkörpert, die vor dem Homo sapiens existierte. Ben, das fünfte Kind, ist bösartig und unverlässlich, lernt nur wenig und ist extrem ungeschickt, menschliche Gefühle sind ihm fremd, doch ist er stärker als seine älteren Geschwister und eine Bedrohung für alle. Ein Stück Sciencefiction bricht in die realistische Szenerie, doch die Menschen, versessen auf Normalität, verdrängen beharrlich das Ungeheuerliche.

Das älteste, jedenfalls das bekannteste Vorbild eines solchen Wesens, nämlich der Gestalt des Wilden unter den Zivilisierten, in der englischen Literatur, ist Shakespeares Caliban im »Sturm«. Caliban ist das einheimische Geschöpf, das der Zauberer Prospero nicht zähmen kann, das aber der Herr der Insel war, bevor die Kultur daherkam. Caliban ist der Sohn einer Hexe unbekannter Herkunft, während Lessings Ben von einer Menschenmutter geboren wurde. Bens völlige Unfähigkeit sich anzupassen zerstört die Familie. Besonders Harriet, die mit ihren vier vorigen Kindern Inbegriff der

Mütterlichkeit gewesen ist, muss nun ihre und anderer Leute Kinder vor ihm beschützen und leidet unter dem Unverständnis von Nachbarn, Freunden, Ärzten und Polizisten, die ihr die Schuld an den unverständlichen Gewalttätigkeiten und Bosheiten des Fünften geben. Trotzdem kann sie sich nicht dazu bringen, diesen misslungenen Nachwuchs einer Anstalt zu übergeben, wo er in Kürze zugrunde gehen müsste. Der Scheinwerfer dieser starken Prosa ist am Ende mehr und mehr auf eine Gesellschaft gerichtet, die Andersartige nicht verkraften kann oder will, und auf die Auswirkung unlösbarer moralischer Probleme.

Obwohl beide Romane nicht hauptsächlich von Weiblichkeit handeln, so stehen doch Frauen im Schnittpunkt, und die weibliche Sicht ist die maßgebliche, im Dilemma sowohl der ausgelebten wie der ungelebten Mütterlichkeit. Lessings ausführliches Eingehen auf Schwangerschaften im »Fünften Kind« ist nur ein Beispiel. Beide Romane sind von einer seltenen Erzählenergie und einem humanen Engagement erfüllt, das den Lesenden angreift, nicht loslässt und die Stockholmer Wahl dieser Preisträgerin nachdrücklich bestätigt.

Doris Lessing: Afrikanische Tragödie. Roman.
Aus dem Englischen von Barbara Christ.
Hoffmann und Campe, Hamburg 2008. 244 Seiten

Doris Lessing: Das fünfte Kind. Roman.
Aus dem Englischen von Eva Schönfeld.
Nachwort von Annette Mingels. Manesse Bibliothek
der Weltliteratur, Zürich 2008. 286 Seiten

Frauenstimmen aus Afrika

Abie, eine ausgewanderte, in London verheiratete Afrika-nerin, kehrt in ihr Heimat- und Kindheitsland, das Ähn-lichkeiten mit Sierra Leone aufweist, zurück, um ein Erbe an-zutreten. Sie wird von vier Tanten begrüßt, die ihr nach und nach ihre Lebensgeschichten erzählen, angefangen in den zwanziger und dreißiger Jahren des 20. und endend im 21. Jahrhundert. Diese »Tanten« sind die Töchter verschiedener Mütter und desselben Vaters, in der polygamen Familie, aus der auch Abie stammt. Abwechselnd berichten sie über ihre Erfahrungen in den vergangenen Jahrzehnten und dadurch indirekt von den kulturellen und historischen Entwicklungen des Landes, aber eben aus dem besonderen Blickwinkel der weiblichen Dorfbevölkerung. Da geht es um Kindheit, Ju-gend, Ehe, Tod und Geburten, um Hoffnungen und Erfolge und auch über die unvermeidlichen bitteren Enttäuschungen.

Aus Erstaunen wird Begreifen des Anderen. Das Faszinie-rende an Aminatta Fornas Roman »Abies Steine« ist der O-Ton, die Selbstverständlichkeit, mit der auch Sitten, die für die westliche Leserin verwunderlich bis haarsträubend sind, von der Kultur selbst beleuchtet werden. Das übliche Erstau-nen vor dem Fremden schlägt beim Lesen um und wird zum Begreifen des Anderen, menschlich Verwandten. Da gibt es eine Szene, wo Mädchen, noch im Kindesalter, am Flussufer sitzen und auf die sogenannte »Beschneidung«, also sexuelle Verstümmelung, warten, die sie eine nach der anderen ohne Protest, trotz der Schmerzen, über sich ergehen lassen. Das Entsetzen, das die westliche Leserin empfindet, mischt sich mit Bewunderung für die Kameradschaft, die die Betroffenen verbindet, die dieses Ritual als Teil eines Mädchenschicksals hinnehmen. Es wird betont, dass eine liebevolle Beziehung zu Männern später trotzdem möglich ist. Das Leben in der Polygamie gibt den Frauen mehr Spielraum als erwartet, besonders da sich eine soziale Bindung entwickelt, die nicht direkt vom Vater der Familie abhängt. In der Hierarchie der Ehefrauen beschützen und befehden die Mitglieder einander in einer schillernden und immer aufs Neue variierten Familiensaga. Wir erfahren, wie viel die erste Frau zu sagen hat, und wie die jüngste, etwa die fünfte oder sechste, nicht viel besser als ein Dienstbote behandelt wird. Wir nehmen teil an heidnischen Gebräuchen, die vom Islam und vom Christentum bedroht sind, aber auch an der Lust des gemeinsamen Schwimmens in Flüssen und der Freude und dem Stolz an selbstbepflanzten und fruchtbaren Gärten. Hierher gehört auch Abies Erbe, das selbst ein Stück Heimat ist, nämlich eine alte Kaffeeplantage. Ein Hauptthema ist die Fruchtbarkeit, ob von Gärten, Feldern oder Müttern. Ein anderes ist die Kraft des schwesterlichen Zusammenhaltens. Die hohe Sterblichkeit der Frauen wird als unvermeidlich hingenommen:

»Wenn ein Mann heiratet, rechnet er damit, ein oder zwei Frauen zu verlieren. Ständig scheiden Frauen dahin, wenn sie neues Leben in die Welt bringen. Verwandte kommen, um in ihrem Haus zu wohnen, sie erheben Anspruch auf ihre Kleider, ihre Kochtöpfe, ihren Schmuck.« Die Armut der Frauen entpuppt sich oft als erträglicher Teil eines Lebens, das der Landschaft und der Tradition angepasst ist. Oft sind es erst die Weißen, die Kolonialherren, die sich bereichern und Unruhe stiften, selbst wenn sie für manche Einheimische einen höheren Lebensstandard ermöglichen. Ihre Ausbeutung von Naturschätzen zerstört das Land, während sie doch gleichzeitig den Frauen neue Entwicklungsmöglichkeiten eröffnen. In englischen Schulen lernen die Mädchen, die Glück haben, lesen und schreiben. Einige dürfen sogar in England studieren, aber auch das ist nicht nur Freude und Befreiung, denn die Heimat übt einen mächtigen Sog auf ihre Töchter aus. Nachdrücklich betont die Autorin, wie auch die Weißen nicht frei von Aberglauben sind. Eine Nonne behauptet, dass Kinder, deren Mütter sie auf dem Rücken tragen, krummbeinig werden, obwohl weit und breit die schwarzen Kinder gerade Beine vorweisen. Weniger komisch ist die Verständnislosigkeit der Weißen für die Einheimischen im Fall eines weißen Arztes, der eine Frau, ohne ihr Einverständnis einzuholen, sterilisiert, weil sie schon so viele Schwangerschaften hinter sich hat. Er fragt nicht, wie viele ihrer Kinder noch am Leben sind, und natürlich sind es nicht alle. Vergebens und verzweifelt sucht die Frau in den folgenden Jahren den Arzt, der ihr das angetan hat, um die Operation rückgängig zu machen. Sie ist wertlos geworden und hat ihren Platz in der Gesellschaft verloren.

Abie hat auch eine Sammlung Steine geerbt, die in der spirituellen Tradition des Landes die mütterlichen Vorfahren verkörpern (der englische Originaltitel lautet dementsprechend »Ancestor Stones«). Diese Steine sind so unterschiedlich, wie ihre ursprünglichen Besitzerinnen es waren. Einer sieht aus »wie eine Männerzigarre«, ein anderer »wie eine aufgeplatzte Pflaume« und jeder steht für den Namen, die Eigentümlichkeit einer Frau. »Der Name der Mutter meiner Mutter. Meiner Großmutter. Meiner Urgroßmutter und ihrer Mutter. Der Frauen, die vor ihnen gegangen sind. Der Frauen, die mich gemacht haben. Jeder Stein ausgewählt und zur Erinnerung an eine Frau weitergegeben von ihrer Tochter.«

Die »Tanten«, die vor ihrer besser situierten jüngsten Verwandten die Jahrgänge und Jahrzehnte vorüberziehen lassen,
in denen sich so viel ereignet und geändert hat, haben gelitten, hätten sich oft etwas Besseres, vor allem mehr Verständnis, gewünscht, auch mehr Wahlfreiheit, mehr Ausbildung,
mehr Wohlstand. Aber jede einzelne hatte einen Namen und
ein Leben, das uns im Verlauf des Romans Respekt und Zuneigung abfordert. Die Geschichte eines Landes wird in diesem Buch lebendig durch die Augen und Stimmen seiner
Einwohnerinnen.

Aminatta Forna: Abies Steine. Roman.
Aus dem Englischen von Sabine Schweppes.
Berlin Verlag, Berlin 2007. 411 Seiten

Geliebte Landschaft

Margaret Atwood wird gelegentlich als die »Queen« der kanadischen Literatur bezeichnet und gehört, zusammen mit Alice Munro, zu den hervorragendsten Autorinnen ihres Landes. Die Originalausgabe des vorliegenden Buchs hat den Untertitel »Stories«, die deutsche Ausgabe legt sich nicht fest, und das mit Recht, denn man kann diese Erzählungen genauso gut einen Roman nennen. Man kann sie einzeln lesen, doch im Zusammenhang ergeben sie eine Lebensgeschichte, und zwar eine, die sicher stark autobiografisch gefärbt ist.

Die erste Erzählung heißt »Die schlechten Nachrichten« und beginnt mit einem alternden Ehepaar, das am Morgen über die Ereignisse, die in der Zeitung stehen, nachdenkt. Man lebt in einer Krisenzeit, einem Wendepunkt der Geschichte der westlichen Welt, der dem Leben im späten Römischen Reich vergleichbar ist. Die Erzählerin erinnert sich an Ferien, die sie mit ihrem Mann in einem Teil Frankreichs verbrachte, der einmal römische Provinz war. Sie stellt sich vor, sie sei eine Römerin, die allen damals modernen Komfort genießt, aber weiß, dass es aufs Ende zugeht. Das Zusammenschweißen der beiden Zeitpunkte gelingt perfekt. Das Buch ist seinen Preis schon um dieser einen Geschichte wegen wert.

Es folgen Szenen aus einer Kindheit, die sich teils in dem vom Zivilisationsrummel noch unbeleckten Weiten des Landes abspielte, aber gleichzeitig von Moralvorstellungen und Anweisungen zu gutem Benehmen erfüllt war, die weitgehend aus dem britischen Mutterland stammten (mit dem

Kanada ja viel verbundener ist, als es die Vereinigten Staaten sind). Dafür dient die englische Literatur, besonders die viktorianische, als wiederholter Hinweis.

Mit nur halbem Erfolg sucht die Icherzählerin schon in sehr jungen Jahren die brave Tochter und Helferin der Mutter zu spielen, um dann wieder aufzubegehren. Denn man muss einerseits ein nützliches Mitglied der Familie sein und andererseits muss man sich auch frei machen können, um die eigene Identität aufzubauen. In humorvollem Detail berichtet sie von der Verantwortung für die zwölf Jahre jüngere Schwester, die sie betreuen hilft, zuerst gerne, bis sie sich später vom Treiben ihrer eigenen Alterskameraden ausgeschlossen sieht und sich gegen die Mutter auflehnt mit rebellischen Worten: »Das ist nicht mein Baby. Ich hab es doch nicht gekriegt. Du hast es gekriegt.« Dafür erntet sie zum ersten Mal eine Ohrfeige, »obwohl ich eigentlich nur die Wahrheit gesagt hatte«. Diese Schwester spielt als Erwachsene noch eine Rolle in anderen Erzählungen, immer wieder als eine Person, um die man sich kümmern muss, und verkörpert geradezu das Verantwortungsgefühl, das man für die Mitwelt aufbringen sollte und manchmal nicht aufbringen kann.

Mit der erwachsenen Nell kippt die Handlung in die »moralische Unordnung« um, von der das Buch seinen Titel nimmt. Die Erzählperspektive gewinnt eine neue Distanz und wechselt zur dritten Person. »Nell und Tig flohen aufs Land«, so beginnt eine Reihe von Geschichten über eine Beziehung, die schließlich, wie wir vom Anfang des Bandes schon wissen, in eine harmonische Ehe mündet. Doch zuerst ist da eine Affäre mit einem verheirateten Mann, der noch dazu zwei Kinder hat, die oft auf Besuch kommen und die

Nell versorgen muss, nachdem sie und ihr Geliebter aus gemeinsamen Ersparnissen eine Farm gekauft haben. Außer den Kindern bleibt auch die Ehefrau Oona, selbst nach der Scheidung, ein weiterer Faktor, mit dem man rechnen muss, ein Mensch, der Zuwendung erfordert. Man tut sein Bestes, aber es ist nicht leicht. Es ist eben eine moderne Familie, nicht wie man es sich vorgestellt hat und wie's in den viktorianischen Vorschriften und Kochbüchern, die auch Sittenregeln aufstellten, stand. Die Veränderungen der kanadischen Gesellschaft rücken in den Vordergrund. Vieles, das früher Gültigkeit hatte, ist verschwunden oder verwischt. Was bleibt, ist die Notwendigkeit einer emotionalen Verankerung bei Familie und Freunden. Was bleibt, ist auch eine unverändert alte und greifbar nahe und geliebte Landschaft, mit ihren Tieren, Pflanzen, Gerüchen, dem Wetter und den Jahreszeiten. Die Sehnsucht der Stadtbewohner nach dem Landleben hatte ihre Rechtfertigung. Das sind keine Geschichten, die in einem Irgendwo stattfinden, es ist ein Buch über Kanada.

In den letzten beiden Erzählungen ist wieder die Icherzählerin da, und ihr Thema ist das Altwerden ihrer Eltern. Der gebrechliche Vater brütet über einer missglückten Forschungsreise im alten Kanada. Er vollzieht in allen Einzelheiten die Fehler dieser Forscher nach, die sie tatsächlich und nachweisbar begangen und die manchen das Leben gekostet haben, und »korrigiert« sie, indem er der Tochter erklärt, was die richtige Strecke und die richtigen Vorbereitungen gewesen wären. Er hat einen Schlaganfall und wird unzurechnungsfähig. Die Geschichte des Landes und ein persönliches Schicksal färben aufeinander ab. Das trifft auch auf das Altern der Mutter in der letzten Geschichte zu. Hier gibt es Fotos, die Jahrzehnte zurückgehen, und Erinnerungen an die

Jugend, die die Tochter der Mutter vor ihrem Tod noch entlocken will.

So sind Atwoods persönliche Geschichten eingebettet in eine reichhaltige Welt, sie sind gleichzeitig privat und verwurzelt in einer facettenreichen Heimat. Es sind leise Geschichten, die ohne alle Aufregung die aufeinanderfolgenden Lebensalter einer Frau umreißen. Ohne dramatische oder heroische Begebenheiten beruht ihre Eindringlichkeit auf der Wahrhaftigkeit der Details und der immer wieder betonten Verwandtschaft der Menschen mit der Natur.

Margaret Atwood: Moralische Unordnung.
Erzählungen. Aus dem Englischen von Malte Friedrich.
Berlin Verlag, Berlin 2008. 254 Seiten

Die Postkarten der Toten

Normalerweise liest man Drehbücher, wenn überhaupt, nur, um den Eindruck von einem Film, den man schon gesehen hat, zu überprüfen. Ich hatte bisher nicht die Gelegenheit, den neuen Film von Doris Dörrie zu sehen, und fand zu meiner Überraschung, dass die Lektüre dieses »Filmbuchs« eine besondere Art von Lesevergnügen bereitet, das die Phantasie anders in Anspruch nimmt als, sagen wir, ein Theaterstück. Letzteres kann von verschiedenen Ensembles aufgeführt werden und wird sich entsprechend bei jeder Vorstellung ändern, während das Buch zu einem schon gedrehten Film, wie das hier der Fall ist, vom Leser verlangt, das Bildmaterial mitzudenken. Der erste Teil und damit fast die Hälfte des Bandes besteht dann auch dankenswerterweise aus etwa 120 sehr schönen Farbfotos aus dem gleichnamigen Film, mit Hannelore Elsner, Elmar Wepper und Aya Irizuki in den Hauptrollen. Regie führte Doris Dörrie. Das sind Bilder vom Allgäu und von Berlin, von Tokios Straßen und japanischen Kirschblüten sowie von ausdrucksvollen Gesichtern, teils unverstellt in ihren starken Emotionen, dann wieder zum Tanz maskiert. Es sind Illustrationen, die mit den Möglichkeiten der menschlichen Physiognomie spielen, gerade auch dort, wo die Gesichtszüge durch Schminke verdeckt sind. Vor allem leiten sie in einem zarten Übergang vom Realismus in ein Reich der Phantasie, in dem auch die Toten ihre Rechte haben oder, wie Doris Dörrie es ausdrückt, »als sei der Unterschied zwischen Wachen und Träumen aufgehoben«.

Der zweite Teil ist das eigentliche Drehbuch. Es ist relativ kurz, man kann es schnell durchlesen und blättert dabei am besten häufig zu den Bildern zurück, die den Figuren Gesicht und Charakter verleihen und die die Kulissen, vor denen die Handlung spielt, aufblühen lassen. Die Fabel erzählt von einem Ehepaar, das gezeichnet ist von Alter und Krankheit. Rudi, der Mann, hat nicht mehr lange zu leben, und seine Frau Trudi besteht auf einem längeren Besuch bei den erwachsenen Kindern, der wohl sein letzter Besuch sein wird.

Das ist der Anfang in Deutschland, und hier herrscht ein kühler Realismus, denn das Verhältnis innerhalb der Familie ist mehr als schwierig. Die Geschwister wollen nichts miteinander zu tun haben, sind mit ihren eigenen Angelegenheiten vollauf beschäftigt, die Eltern sind ihnen lästig, und auch die Enkelkinder sind keine kleinen Engel, sondern ebenso rücksichtslos wie ihre eigenen Eltern. Zu ihrer Entlastung lässt sich allenfalls geltend machen, dass niemand außer Trudi von der Erkrankung des Vaters weiß und man sich wundert, warum die Alten plötzlich aufgetaucht sind. Die Tochter, die in einer lesbischen Partnerschaft lebt, wird von den anderen geduldet, aber gerade noch, während sie selbst ihre Sexualität provokativ zur Schau stellt, so dass die Verwandten gereizt oder verlegen wegsehen. Kurz, eine gekonnt dargestellte dysfunktionale Familie, wie man heutzutage sagt. Und dann ist es die Ehefrau Trudi, die unvermutet zuerst stirbt. Nun wechselt die Szene vom Allgäu und von Berlin nach Tokio und Umgebung, wo ein weiterer Sohn, ein Junggeselle, beruflich tätig ist, der sich um den verwitweten Vater kümmern soll. Trudi wollte immer schon nach Japan reisen, weil sie einmal japanischen Tanz studiert hat. Rudi, der Witwer, sucht diesen unerfüllten Wunsch für sie nachzuvollziehen, ohne zu wissen, dass er selbst zu einem baldigen Tod verurteilt ist. Der Sohn hat keine Zeit für ihn, Rudi ist den ganzen Tag allein in der ihm völlig fremden Stadt Tokio, wo er nicht einmal die Namensschilder der Straßen lesen kann. Und doch findet Rudi Freundschaft und Trost vor seinem eigenen Ende bei einer obdachlosen jungen Butoh-Tänzerin, die trotz beiderseitigem primitiven Englisch mehr Geduld und Verständnis für ihn aufbringt als seine Kinder. Denn das eigentliche Verständigungsmittel ist der Tanz. (Butoh ist ein moderner japanischer Tanz, der Anregungen vom Western verwendet und so, dem Thema des Films entsprechend, Gegensätze zusammenbringt.) Und hier setzt ein traumhaftes Geschehen ein: Rudis neue Erfahrungen verschmelzen mit den Erinnerungen an Trudi, ja mehr als das, sie lassen Trudi wiederauferstehen. Rudi lernt tanzen, im Geiste seiner Frau und mit Trudis Geist, das heißt mit ihrem Gespenst. Er trägt ihre Kleider, um ihr näherzukommen, und löst die Gender-Grenzen, im schwebenden Kontrast zu den lautstarken Szenen in Deutschland, wo seine lesbische Tochter in kruder Selbstbehauptung die Familie verunsicherte. Tanz wird zur Überhöhung des Lebens schlechthin in einer Geschichte, die auch vom Altern und der Überwindung menschlicher Schwächen, die sich mit dem Altern einstellen, handelt. Die Landschaft, oder vielmehr die Landschaften, spielen eine wesentliche Rolle, wie das eben nur im Film möglich und wünschenswert ist und wie es dem Geist der Romantik, der hier weht, entgegenkommt.

Im dritten Teil, einem Essay über das Filmen zwischen Ost und West, beschreibt Dörrie ihre Faszination mit Japan. Der Satz eines japanischen Tänzers: »Die Toten träumen von uns« sei ein Leitmotiv ihres Films. Und sie fügt hinzu: »Wenn die Toten von uns träumen, dann sind vielleicht sämtliche Zeichen der Vergänglichkeit kleine Postkarten, die sie uns schicken.« Vor allem die berühmten japanischen Kirschblüten sind solche Zeichen. Der spielerische Ton, in dem hier über letzte Dinge geredet wird, ist der Grundton dieses Werks.

Selbstredend ist so ein Buch nur ein Nebenprodukt des Films. Doch das schnelle Lesen, dazu das Hin- und Herblättern zwischen Text und Bild hat seinen eigenen Reiz, einfach eine andere ästhetische Erfahrung, die mir neu war und die, zu meinem Erstaunen, auch funktioniert, wenn man den Film noch nicht kennt. Es hilft natürlich, dass es sich um einen sehr sorgfältig hergestellten Band handelt.

Doris Dörrie: Kirschblüten. Hanami. Ein Filmbuch.
Diogenes Verlag, Zürich 2008. 212 Seiten

Eine Türkin in Rio

Die »Stadt mit der roten Pelerine« ist Rio de Janeiro, gesehen durch die Augen einer jungen Türkin, die dort seit zwei Jahren einen Roman zu schreiben versucht. Die Stadt ist ein pulsierendes Wesen im blutfarbenen Mantel, und gleichzeitig ist sie ein Reich der Verdammnis und des Todes. Der Aufenthalt an einem solchen Ort wird zur täglichen Höllenfahrt, ein Abstieg in die Unterwelt. Ganz folgerecht ist der Mythos von Orpheus allgegenwärtig und wird in häufigen Hinweisen, besonders in Zitaten von »Orfeu Negro«, dem berühmten französisch-brasilianischen Film von 1959, heraufbeschworen. Die Erzählerin selbst, die wohl einiges mit der Autorin gemeinsam hat, ist ein weiblicher Orpheus, sehr weißhäutig, was in dem Roman eine Rolle spielt, da sie von den dunkleren Menschen um sie herum absticht. Warum und wieso sie in dieser Stadt gelandet ist, erfahren wir nicht, und warum sie sich nicht von ihr losreißen kann, weiß sie selbst nicht. Doch nach und nach verfallen auch wir als Leser der Attraktion einer Mischung aus Lust und Todessehnsucht, der das Wesentliche von Rio vereinigt.

Auszüge aus einem Roman, an dem die Erzählerin arbeitet, wechseln mit ihren eigenen Erlebnissen, doch fließen Erzähltes und Erlebtes so sehr ineinander, dass man die beiden Ebenen oft nur vom Druckbild her unterscheiden kann. (Der fiktionale Roman ist kursiv gedruckt!) Das ist natürlich Absicht und wird auch unumwunden als solche erklärt. Die Erzählerin heißt Özgür, was so viel wie die Freie oder die Unabhängige bedeutet, ihre Romanheldin wird mit dem Anfangsbuchstaben Ö bezeichnet, daher ein Alter Ego. Das er-

ihre Fähigkeit, einen abenteuerlichen Absturz darzustellen, wie ihn in der Belletristik sonst nur heruntergekommene Männer erleben, doch ohne die Genderrollen zu verwechseln. Es ist deutlich eine feminine Sensibilität, die hier zu Wort kommt. Nicht nur Orpheus, sondern auch Persephone, die Königin und Gefangene im Hades, sprechen uns aus diesen Seiten an.

Der Roman ist in der »Türkischen Bibliothek« des Unionsverlags erschienen, nach der Originalausgabe von 1998. Die Schweizer Verleger präsentieren mit dieser Reihe Meilensteine der türkischen Literatur von 1900 bis in die unmittelbare Gegenwart.

Asli Erdogan: Die Stadt mit der roten Pelerine. Roman.
Aus dem Türkischen von Angelika Gillitz-Acar
und Angelika Hoch. Nachwort von Karin Schweißgut.
Unionsverlag, Zürich 2008. 204 Seiten

Weder Wollust noch Völlerei

Wie oft bekommen wir Geschichten über Liebesbezie-
hungen zwischen alten Männern und jungen Frauen
zu lesen. Und wie satt haben wir sie. Der vorliegende Roman
mag daher auf Anhieb nicht originell scheinen, denn die Erzählerin ist in ihren Dreißigern und der Mann, auf den sie es
abgesehen hat, in seinen Siebzigern. Doch das Besondere ist
nicht nur, dass die Affäre diesmal vom Standpunkt der Frau
geschildert wird, sondern der feine Humor, mit dem die
Schilderung gewürzt ist – und gewürzt ist hier das richtige
Wort –, der uns so fremd ist wie die japanische Cuisine, aber
sofort verständlich und ebenso leicht zu genießen wie Sushi
und Sashimi. Anders gesagt, man braucht nicht lange, um auf
den Geschmack zu kommen. Und um Geschmack geht es,
denn die beiden sitzen stunden- und seitenlang am Tresen ihrer Lieblingskneipe, unterhalten sich über das Bestellte und
Dargebotene, bestellen noch mehr und gießen sich und einander Sake, Reiswein, ein.

Tsukiko, die Erzählerin, ist eine berufstätige, einsame Frau,
doch was sie beruflich tut, ist nie ganz klar, es ist wohl kein
Lebensberuf, den man liebt, nur eine Arbeit, mit der man
sein Brot verdient. Der Mann, den sie zufällig auf der Straße
trifft und in den sie sich langsam, aber sicher verliebt, ist ihr
alter Japanisch-Lehrer aus der Schule, jetzt schon längst pen-
sioniert und verwitwet. Tsukiko nennt ihn nie anders als bei
dem formalen Titel »Sensei«, Herr Lehrer, und sie siezen einander. Weder er noch sie strahlen einen besonderen Sex-Ap-
peal aus, im Gegenteil, beide benehmen sich oft kindisch. Sie
fürchtet sich vor Gewittern, hält sich beim Donner beide Oh-

ren zu und lässt sich von ihm auslachen, er geht gerne in Arkaden, wo's Flippermaschinen gibt, Pachinko genannt, und lädt Tsukiko ein, mitzukommen: nicht gerade ein romantischer Ort für eine Frau, der man imponieren will. Seine Anziehung, der wir nach und nach als Leser verfallen, liegt in seiner Geradlinigkeit, seinem steifen Rücken, seiner unverbrüchlichen Art, sich nicht herauszustreichen. Er ist immer ein wenig lächerlich mit seiner altmodischen Kleidung und seiner Aktenmappe, doch verlässlich, wie ein Großpapa, den man sehr gerne mag.

Tsukiko war als junges Mädchen keineswegs eine seiner bevorzugten oder auch nur begabten Schülerinnen, im Gegenteil, sie war schwach in Literatur, was er ihr im Laufe der Erzählung auch streng vorwirft. Sie hat so ziemlich alles vergessen, was sie bei ihm im Literatur-Unterricht aufgetischt bekam, und wenn er einen berühmten Dichter zitiert, so kann man sicher sein, dass sie ihn nicht erkennt. Er hingegen ist selbst Dichter und kann ganze Nächte mit dem Verfassen eines Haiku verbringen, dieser Gedichtart, die wir im Westen erst spät kennen gelernt haben und bei der die strenge Einhaltung einer Form, die auf Silbenzählung beruht, das Wichtigste ist; der Inhalt ist meist ein Eindruck, etwa eine Naturbeschreibung und ein flüchtiger Gedanke, nicht mehr als das. Ein Haiku will nichts beweisen, und erhobene Zeigefinger sind ihm fremd. Ebenso ist es mit diesem Roman.

Es wird ungeheuer viel und oft gegessen im Laufe des Sichnäherkommens des Paars, aber es wird nicht gefressen, sondern in Häppchen goutiert. Das klingt dann so: »Jeder bestellte für sich, und jeder schenkte sich aus seiner Flasche selbst ein. Selbstverständlich alles auf getrennte Rechnung.« »Ich bestellte heißen Tofu, er Gelbschwanz-Teryaki.« »Entschlossen nahm ich ein Stück von dem Sashimi und tunkte es in die Sojasauce mit Ingwer.« Vom Tresen schaut man dem Koch zu, wie er am Brett die einzelnen Bissen und kleinen Gerichte zubereitet. Man vergleicht die Fischsorten, und die Liebenden kommen sich durch nichtssagende Minirezepte, etwa Bohnen und Muscheln betreffend, näher. Und sie streiten wie die Halbwüchsigen (oder wie Amerikaner) über Baseballmannschaften. Als Tsukiko ihrem Sensei ein Geschenk machen will, wählt sie, nach hilflosem Zögern, ein Reibeisen. Und das alles ist in seiner zarten Komik keinen Augenblick langweilig, sondern macht die Figuren nur plausibler.

Von den Nebenfiguren tritt vor allem Saturo, der Küchenchef, in Erscheinung, bei dem die beiden mäßig essen, aber gelegentlich unmäßig trinken. Er ist, wenn man so will, der Eros der Handlung und ist besorgt, wenn seine Kunden mal ausbleiben. Er ist auch bei einem Ausflug zwecks Pilzesammeln dabei. Ein gleichaltriger Freund von Tsukiko hingegen erweist sich als überflüssig und wird absorviert. Ein weiterer Ausflug führt auf die Insel und den Friedhof, wo des Sensei Frau begraben liegt. Sie ist ihm allerdings schon Jahre vor ihrem Tod davongelaufen, eine für diesen Roman typische Kurve in der Handlung, die das Aufkommen von Sentimentalität verhindert. Ein Blick des alten Mannes ins Jenseits, doch auch hier mischt sich die Komik des Alltags mit der Stille des Todes, und keines ist fehl am Platz.

Die Liebenden sind so unbeholfen wie möglich in ihren Annäherungsversuchen, und schließlich ist es Tsukiko, die den Ausschlag gibt. Denn ihr ist bei dem häufigen Zusammentreffen mit dem Herrn Lehrer aufgegangen, dass ihr Leben keinen rechten Sinn hat und dass seine Gesellschaft die Leere füllt. Auch das wird ganz unaufdringlich angedeutet.

Die Flamme ist auf klein gedreht, und erst auf den letzten Seiten kommt es zu einer diskret beschriebenen körperlichen Vereinigung der beiden, die allerdings der Anfang einer glücklichen, wenn auch wegen des Senseis hohem Alter, kurzlebigen Liebesaffäre wird. Und damit kommt am Ende eine gar nicht rührselige, sondern heiter resignierte Trauer in die Geschichte. Die Handlung ist fast ausschließlich auf Liebe und Essen beschränkt und ist doch weit entfernt von Völlerei und Wollust.

Endlich eine für Frauen erträgliche Behandlung des Lieblingsthemas der Seniorenriege internationaler Autoren und ein bezaubernd unterhaltsames Buch.

Hiromi Kawakami: Der Himmel ist blau, die Erde ist weiß. Eine Liebesgeschichte. Aus dem Japanischen von Ursula Gräfe und Kimiko Nakayama-Ziegler. Hanser Verlag, München 2008. 188 Seiten

Zwischen den Kriegen

Irène Némirovsky wurde im Jahre 2004 weltberühmt, mit der Veröffentlichung ihres wiederentdeckten außerordentlichen Romans »Suite Française«, der von der deutschen Besetzung Frankreichs handelt und den sie während dieser Besetzung schrieb. Die Autorin und ihr Mann waren 1942 nach Auschwitz deportiert worden und kamen dort um. Sie war 39 Jahre alt, in Russland geboren und durch die Revolution nach Frankreich verschlagen, wo sie eine erfolgreiche Schriftstellerin wurde, deren Werke die französische Mittelklasse, mit ihren Tugenden und Vorurteilen, durchleuchten. Auch den vorliegenden Roman schrieb sie mitten im Krieg; und auch er wurde erst spät, nämlich 1957, in Frankreich veröffentlicht.

Die Feuer im Herbst (Plural im Original!) des Titels sind die Anfänge des Ersten und des Zweiten Weltkriegs. Die Handlung endet im Jahr 1941. Diese Jahreszahlen sind von Bedeutung, angesichts Némirovskys frühzeitigem Tod und ihrer Themenwahl. Sie stand im Auge des Sturms und schrieb ohne die verklärende Distanzierung späterer Jahre, bevor die Details in der Rückschau verblassten, und sie schrieb mit dem kühlen Blick einer Außenseiterin, die ihre adoptierten Landsleute zwar gut kennt, aber nicht unter ihnen aufgewachsen ist. In dem letzten Teil von »Feuer im Herbst« sowie in »Suite Française« herrscht eine tagebuchartige Nähe zu den Umständen, unter denen man im besetzten Paris lebte.

Die Weltgeschichte bildet den Rahmen für das Privatleben ihrer Figuren. Am Anfang gibt es noch ein paar Augenblicke, als alles gemütlich und beschaulich war. Dann werden die